MAGASIN THÉATRAL.

CHOIX DE PIÈCES NOUVELLES,

JOUÉES SUR TOUS LES THÉATRES DE PARIS.

THÉATRE DU GYMNASE-DRAMATIQUE.

CICILY,

Comédie-vaudeville en deux actes,

PARIS.

MARCHANT, ÉDITEUR,

Boulevart Saint-Martin, 12.

BRUXELLES.

TARRIDE, LIBRAIRE, PASSAGE DE LA COMÉDIE.

CICILY,

ou

LE LION AMOUREUX,

COMÉDIE-VAUDEVILLE EN DEUX ACTES,

par M. Scribe,

de l'Académie Française.

REPRÉSENTÉE POUR LA PREMIÈRE FOIS, A PARIS, SUR LE THÉATRE DU GYMNASE-DRAMATIQUE, LE 8 DÉCEMBRE 1840.

PERSONNAGES.	ACTEURS.	PERSONNAGES.	ACTEURS.
LORD GEORGES, marquis de New-castle.	M. TISSERANT.	JENKINS, aubergiste, fermier du château.	M. KLEIN.
PELHAM, son ami.	M. SYLVESTRE.	Mme BROWN, femme de charge.	Mme JULIENNE.
		CICILY, servante du château.	Mme L. VOLNYS.

La scène se passe au premier acte dans une auberge à quelques lieues du château de Newcastle, en Angleterre ;
au second, dans le château du Marquis.

ACTE PREMIER.

Le théâtre représente une chambre d'auberge. Portes à gauche et à droite. Au fond, une large fenêtre. A droite et au deuxième plan, un lit avec baldaquin et rideaux. Des tables, des chaises, etc. A droite de la croisée au fond, un buffet. Vis-à-vis, dans l'autre angle, une petite table sur laquelle est une lampe allumée. Sur le premier plan, à gauche, un guéridon. A droite, une table.

SCÈNE PREMIÈRE.

LORD GEORGES, JENKINS.

JENKINS, *indroduisant Georges.*

Oui, mylord, votre seigneurie fera bien de ne pas continuer sa route et de s'arrêter dans mon auberge.

GEORGES.

Comment! il me serait impossible de me rendre ce soir à Newcastle! c'est donc bien loin?

JENKINS.

Six milles seulement! mais il y a la forêt à traverser, la forêt qui dépend du château!... des chemins affreux, des fondrières... de quoi briser

dix chaises de poste... la nuit s'entend!... car demain au jour... une route superbe!

GEORGES, *souriant.*

Vous êtes aubergiste, monsieur Jenkins?

JENKINS.

Je m'en vante! on trouve de tout chez moi! (*A un domestique qui entre, portant un sac de nuit et un nécessaire de voyage.*) Placez ces effets dans la chambre de mylord.

Montrant la porte à gauche.

GEORGES, *l'indiquant.*

De ce côté?

JENKINS.

Une chambre magnifique!

GEORGES.

Mais pour y arriver il me semble qu'il faut traverser celle-ci, ce qui n'est guère commode.

JENKINS.

C'est une idée de l'architecte, le meilleur du pays.

GEORGES.

J'aimerais alors autant un autre appartement.

JENKINS.

Il n'y en a pas d'autres.

GEORGES.

C'est une raison!

JENKINS.

Pas d'autres que ces deux chambres.

GEORGES, *souriant.*

L'auberge est fréquentée...

JENKINS.

Je suis moins aubergiste que maître de poste, et fermier... fermier de la marquise de New-castle... c'est-à-dire de la marquise défunte, puisque nous l'avons perdue... une grande perte pour le pays!

GEORGES.

Vraiment!

JENKINS.

Une noble et digne femme! pieuse, charitable et immensément riche! fondant des écoles, élevant et dotant de jeunes filles... n'exigeant rien de ses fermiers quand ils avaient été grêlés, et la grêle tombait ici presque tous les ans... un pays bien commode pour ça.

GEORGES.

De sorte que vous la regrettez?

JENKINS.

Je la pleure tous les jours! d'autant que son petit neveu, son seul héritier, ne lui ressemble guère.

GEORGES, *allant s'asseoir près du guéridon à gauche, sur lequel sont des journaux.*

Vous le connaissez?

JENKINS.

Non! il n'a pas encore daigné venir prendre possession de ses domaines... mais il nous a écrit pour régler le compte de ses fermages.

Vaudeville des Postillons.

La position était bien préférable
Quand nous comptions avec son intendant!

Un homme honnête et facile et traitable...
Ce n'est plus ça; pour nous plus d'agrément!
Plus de douceur, pour nous plus d'agrément!
Nos blés jadis, par un rare avantage,
Étaient toujours détruits ou renversés,
Mais avec lui, plus de grêl' ni d'orage...
Nos beaux jours sont passés!

GEORGES, *riant.*

C'est donc un seigneur dur, intraitable et féroce?

JENKINS.

On ne sait pas ce qu'il est! D'abord il a été élevé au château par sa grand'tante, qui lui a donné les meilleurs principes... les siens!... et quoiqu'il fût déjà ardent et vif comme le salpêtre, il était gentil, généreux, bon enfant et bon cœur!... mais ils l'ont envoyé avec un gouverneur à Oxford ou à Cambridge, je ne sais pas au juste! de là, il a voyagé sur le continent, est revenu à Londres, où son père, qui était mort, lui avait laissé ses titres, sa fortune, sa place au parlement, etc., etc.; enfin, depuis une dizaine d'années, nous ne l'avons pas revu! et on a beau dire que les voyages forment la jeunesse, on ne s'en aperçoit guère chez lui!

GEORGES.

Comment cela?

JENKINS.

Son intendant m'a raconté que c'était un franc libertin, le plus mauvais sujet de la ville de Londres, où il y en a beaucoup... un mauvais sujet à la mode... un lion, comme il disait...

GEORGES.

Un lion!

JENKINS.

A cause de ses chiens et de ses chevaux qui remportent tous les prix à la course. Et puis autrefois il était mince et fluet, et son intendant dit qu'il est engraissé à ne pas le reconnaître, à cause de ses dîners et de ses soupers, où ils ont tous des verres... grands de ça... des verres qui contiennent toujours six bouteilles de vin de Champagne!

GEORGES, *riant.*

En vérité!...

JENKINS.

Et tenez... là, dans le *Morning-Chronicle*... on parle de lui... une course au clocher où assistait tout le monde élégant... il a manqué se tuer... c'est drôle!

GEORGES.

Ah! ah!...

JENKINS.

Il a été jeté par-dessus un mur dans un marais... le tout pour s'amuser.

GEORGES.

Cela suffit...

JENKINS, *montrant le journal que tient Georges.*

Et si tout ce qu'on raconte de lui est vrai!...

GEORGES.

En partie... je ne dis pas non!

JENKINS.

Vous le connaissez donc?

GEORGES.

Beaucoup !

JENKINS, *effrayé.*

Est-il possible!... je vous prie alors de lui parler de mon zèle et de mon dévouement !

GEORGES.

Il en est déjà instruit.

JENKINS.

Comment cela?

GEORGES.

C'est qu'il devait venir à Newcastle et qu'il est en route.

JENKINS.

En vérité!... et où est-il en ce moment ?

GEORGES, *se levant et prenant sa cravache qu'il a jetée sur la table et jouant avec.*

Chez un fermier à lui!... un drôle nommé Jenkins !

JENKINS, *poussant un cri.*

C'est fait de moi !

Air du *Pot de fleurs.*

A vos genoux, monseigneur, je m'attache ;
J'ai mérité votre juste courroux !

GEORGES.

Relève-toi !

JENKINS.

De sa noble cravache
Je redoutais une grêle de coups !

GEORGES.

D'autres ainsi paieraient un tel outrage,
Mais avec moi, maître et seigneur nouveau,
Tu le disais, le temps est toujours beau !

Jetant sa cravache.

Jamais de grêle ni d'orage !

On entend en dehors le fouet du postillon.

Tiens, tu l'entends !... je te porte bonheur !... encore des voyageurs qui t'arrivent !

JENKINS.

Ah ! mon Dieu !... je ne sais où je vais les loger, s'ils sont plusieurs !

GEORGES.

Je comprends !... à cause de l'architecte et de cette chambre unique en son espèce.

JENKINS.

Oh ! l'on trouve de tout chez moi.

GEORGES.

Excepté des chambres...

JENKINS.

Elles sont toutes prises !

GEORGES.

C'est ton affaire... je garde la mienne.

SCÈNE II.

LES MÊMES, PELHAM *.

PELHAM, *entrant.*

Des chevaux !... des chevaux à l'instant même !.. je suis pressé. (*Levant les yeux.*) Eh ! mylord Georges !... le nouveau marquis de Newcastle !

* Georges, Pelham, Jenkins.

GEORGES.

Henri Pelham !... Tu arrives comme moi de Londres ?

PELHAM.

Non, du côté opposé !... de ma terre d'Arlingford !

GEORGES.

C'est vrai, nous allons être voisin de campagne...

PELHAM.

Je vais au-devant de quelques amis qui m'ont promis de passer chez moi les fêtes de Noël.

JENKINS, *vivement.*

Vous ne couchez donc pas ici?

PELHAM.

Non, vraiment !

JENKINS.

Est-ce heureux !

PELHAM.

Pour moi... oui, sans doute... car je me rappelle une nuit que j'y ai passée... je ne veux que des chevaux.

JENKINS.

Ils sont prêts ! on trouve tout chez moi ! le temps seulement de leur donner l'avoine... des chevaux fins... des chevaux de course !

PELHAM.

Qui sont à la charrue en ce moment !

JENKINS.

Si ces messieurs veulent, en attendant, fumer quelques cigarres... première qualité...

PELHAM, *vivement.*

Tu en as ?

JENKINS, *allant prendre la lampe au fond, et l'apportant sur le guéridon à gauche.*

Non... mais voici une lampe très-bien allumée, et quant aux cigarres !...

Air de *la Cracovienne.*

Ah ! Dieu merci,
En voyageur prudent et sage.
Mylord, je gage,
Mylord doit en avoir ici,
Sur lui !

GEORGES.

Il a dit vrai,
Oui, j'en ai là de la Havane ;
Il a dit vrai,
Nous en pouvons, mon cher, faire l'essai.

JENKINS.

Ah ! pour du coup,
J'avais bien raison, Dieu me damne ;
Car à son goût
Chacun chez moi trouve toujours de tout.

ENSEMBLE.

Oui, Dieu merci,
En apportant tout en voyage,
On peut, je gage,
On peut trouver de tout ainsi
Chez lui.

Jenkins sort.

SCÈNE III.

PELHAM, GEORGES.

Tous deux assis près de la table à gauche, et fumant.

PELHAM.

Je repasse dans quelques heures et je t'emmène avec nous à Arlingford !

GEORGES.

Je te remercie.

PELHAM.

Tu seras en pays de connaissance... tous nos amis de Londres, dont tu es le héros, le dieu et le modèle !

GEORGES.

Il faut que je sois demain à Newcastle... j'ai annoncé mon arrivée à tous mes gens d'affaires, qui m'attendent.

PELHAM.

Tu t'occupes donc de tes affaires ?

GEORGES.

Certainement.

PELHAM.

Je vais alors m'en occuper aussi ! c'est donc le genre ?

GEORGES.

C'est le mien.

PELHAM.

C'est le bon ! car tout ce que tu fais maintenant devient comme il faut et à la mode !... aussi je tâche de t'imiter ; mais j'ai beau faire, j'ai beau aller plus loin et te dépasser en tout, je ne peux pas avoir la vogue que tu accapares !... Tu avais un cuisinier français, je te l'ai enlevé ! Tu avais une chanteuse italienne... j'en ai pris deux !... Tu as inventé le premier de raser tes chevaux... j'ai pris un barbier à l'année pour les miens !...Rien n'y fait ! je ne peux pas attirer les regards, qui, constamment attachés sur toi, s'obstinent à te suivre !... Comment fais-tu ?

GEORGES.

Je l'ignore !... mais...

Air : *Ma belle est la belle des belles.*

Pour fixer la mode inconstante,
Tu prends le plus mauvais moyen !
Car cette moderne Atalante,
La vogue, mon cher, vois-tu bien,
De même que toute autre belle,
Bizarre et coquette en ses goûts,
Dès que vous courez après elle,
Ne veut plus courir après vous !

PELHAM.

Voilà deux hivers de suite que tu es le héros du monde élégant... le lion de la société fashionable, et quand nous paraissons ensemble à Hyde-Park ou à l'Opéra, j'entends tout le monde dire à voix basse : C'est lui !... le voilà !... et pourquoi pas les voilà ?... ça ne leur coûterait rien, et ça me ferait tant de plaisir !

GEORGES.

Cela viendra.

PELHAM.

Je l'espère bien !... ou je me brûlerai la cervelle !

GEORGES.

Voilà le moyen que tu cherchais... un moyen de faire du bruit !

PELHAM.

Tu crois !... j'en aimerais mieux un autre... Mais à propos d'éclat, dis-moi pourquoi tu as refusé cette riche héritière qu'on te proposait... le plus beau parti du royaume !... est-ce qu'elle était laide ?...

GEORGES.

Je ne l'ai jamais vue !

PELHAM.

Un mariage proposé par la reine !... pourquoi ?... quel motif ?

GEORGES.

Ah ! tu me demandes le motif !

PELHAM.

Certainement.

GEORGES.

Eh bien !... je n'en avais aucun !

PELHAM, *étonné.*

Aucun ?

GEORGES.

Que de faire parler les sots !

PELHAM, *de même.*

Ah ! bah !

GEORGES, *remontant la scène.*

Tu vois que j'ai réussi !... Depuis deux mois, il n'est question que de cela !

PELHAM.

C'est, ma foi, vrai !... c'était une idée ! Et pour l'hiver prochain qu'est-ce que nous inventerons ?...

GEORGES.

Nous verrons !... je chercherai !

PELHAM.

Tu me le diras !...

GEORGES.

Certainement !

PELHAM.

Parce que si je peux lui souffler son idée...

GEORGES, *revenant près de Pelham.*

Ah çà ! j'espère bien que c'est vous autres chasseurs qui demain viendrez tous à Newcastle ! je vous y attends !

PELHAM.

A la bonne heure. Demain, au point du jour, nous viendrons ici en passant, te réveiller au son du cor, une aubade sous tes fenêtres, et puis, dans la journée, le rendez-vous de chasse dans ton château.

GEORGES.

Je n'y ai pas mis le pied depuis dix ans ; mais si mon intendant n'a pas tout bu, nous devons, en fait de vieilles, trouver nombreuse compagnie, car ma grand' tante n'y touchait pas.

PELHAM.

Ah ! le pays est excellent ! outre le vin et le gibier, nous avons encore le chapitre des vassales... des petites paysannes charmantes !

GEORGES, *d'un air de dédain.*

Ah! tu fais encore attention à cela, toi?

PELHAM.

Pourquoi pas?... à la campagne... je ne suis pas comme toi, qui es déjà blasé sur tout! grâce à tes conquêtes de grandes dames!... moi, je tiens au tablier de paysanne.

GEORGES.

Ah! fi donc!... c'est mauvais genre, mon cher!

PELHAM, *soupirant.*

C'est dommage, car c'est gentil... et tout-à-l'heure encore, je viens d'en rencontrer une!... une petite paysanne charmante!... une rose véritable, une fleur de beauté!... une tournure. . une taille délicieuse... Elle cheminait à pied sur la lisière du bois, son petit paquet sous le bras... et moi, qui étais seul dans une grande berline... j'ai fait arrêter le postillon... et galamment j'ai proposé à la jeune fille une place.

GEORGES.

Qu'elle a acceptée?

PELHAM.

Non!... qu'elle a refusée.

GEORGES.

Elle a bien fait.

PELHAM.

Et pas moyen de lui conter fleurette... j'ai essayé... une vertu du diable!

GEORGES, *riant.*

Ah! de la vertu!

PELHAM.

Il y a de tout dans ce domaine!... c'est comme dans l'auberge de Jenkins!

SCÈNE IV.

Les Mêmes, JENKINS, *puis* CICILY.

JENKINS.

Monsieur le baronnet, vos chevaux sont prêts et vous attendent.

PELHAM, *allant prendre son chapeau et son paletot, qu'il a déposés, en entrant, sur une chaise, près de la porte de gauche.*

C'est bien, je descends!

Bas à Georges, qui est resté assis à gauche du théâtre, et lui montrant Cicily qui entre[*].

Air : *Que vois-je! quel minois!* (Domino noir, acte II.)

C'est elle!... hein! quel minois charmant!

GEORGES, *toujours assis.*

Elle n'est pas trop mal, vraiment...
Mais lorgner une paysanne...
Pour toi, d'honneur, j'en suis confus!
Et le bon genre te condamne!

PELHAM, *vivement.*

C'est fini, je n'y pense plus!
Ne va pas dire à nos amis
Que j'ai manqué d'en être épris.

A Cicily.

Adieu, charmante,
Adieu!

[*] Georges, Pelham, Jenkins *au fond,* Cicily *sur le seuil de la porte, à droite.*

CICILY.

Votre servante.

ENSEMBLE.

PELHAM.

La belle fille!
Qu'elle est gentille!
En elle brille
Si doux attrait,
Que, sans la mode,
Moi, ma méthode,
Simple et commode,
La choisirait.

GEORGES.

La belle fille!
Qu'elle est gentille!
En elle brille
Si doux attrait,
Que sa méthode
Simple et commode,
Malgré la mode,
La choisirait.

JENKINS.

La belle fille!
Qu'elle est gentille!
En elle brille
Si doux attrait,
Que sa méthode,
Simple et commode,
Malgré la mode,
La choisirait.

Pelham sort.

SCÈNE V.

GEORGES, *à la table de gauche; il ouvre son portefeuille, en tire plusieurs billets de banque; puis il prend une plume et du papier et prend des notes. A droite sont* CICILY *et* JENKINS.

CICILY, *à Jenkins.*

Eh bien! monsieur l'aubergiste, et moi, où me placerez-vous pour cette nuit?

JENKINS.

Ici, ma chère enfant; toutes mes autres chambres sont prises.

CICILY, *montrant Georges.*

Eh bien! et ce jeune monsieur?

JENKINS.

Dans la chambre ici près... Rassurez-vous... c'est un lord, un seigneur... et puis, il y a un bon verrou de votre côté.

CICILY.

Très-bien... Et cette fenêtre?

Montrant celle du fond.

JENKINS.

Donne sur un torrent profond, trente-deux pieds de hauteur, et des pointes de rochers... c'est à se briser si on y tombait... (*A Cicily qui ouvre la fenêtre.*) Prenez garde en ouvrant la fenêtre, le balcon est cassé.

CICILY, *se débarrassant de son paquet, de son chapeau et de son petit manteau, qu'elle place sur une chaise, au fond.*

Je vous remercie.

JENKINS.

Quant à cette porte... celle de l'escalier qui conduit à la cuisine... (*lui montrant la table*) et la sonnette quand vous aurez besoin de quelque chose...

CICILY.

A merveille !

JENKINS.

Je vais m'occuper de votre souper et de celui de mylord ; ça ne sera pas long.

Il fait quelques pas pour sortir.

CICILY, *le rappelant.*

Encore un mot, monsieur l'aubergiste... Je voudrais demain, de bon matin, être à Newcastle...

GEORGES, *levant la tête.*

Ah !

CICILY.

Je craindrais de me perdre dans la forêt, et si vous pouviez me trouver un guide qui me conduisît au château...

JENKINS, *lui montrant Georges.*

En voici le maître, lord Georges...

CICILY.

O ciel !

JENKINS, *sortant.*

Qui mieux que moi vous donnera des renseignemens.

Il sort.

SCÈNE VI.

GEORGES, CICILY.

CICILY.

Quoi ! mylord, il serait possible !... oui, je crois me rappeler des traits...

GEORGES.

Que voulez-vous ?

CICILY.

Oh ! vous ne pouvez me reconnaître, moi !... une pauvre jeune fille, recueillie au château par les soins de votre tante... et presque élevée avec vous... depuis long-temps vous m'avez oubliée... mais moi, jamais !

GEORGES.

Cicily !

CICILY.

Ah ! il se rappelle mon nóm !

GEORGES, *se levant.*

Ma filleule !

CICILY, *avec joie.*

Oui, mon parrain, oui, c'est moi.

GEORGES.

La fille d'un soldat que j'ai tenue sur les fonts baptismaux... une idée de ma grand'tante.

CICILY.

Qui voulut me donner dans mon jeune maître un second protecteur.

GEORGES.

Et tu as maintenant ?

CICILY.

Dix-huit ans.

GEORGES, *la regardant.*

Tant que cela ?... Tu es, ma foi, devenue une grande et belle fille !

CICILY.

Trouvez-vous, mon parrain ?... tant mieux !... Moi, je n'ose pas vous dire que je vous trouve superbe... un air noble, une tournure de seigneur, ça se voit tout de suite... et je ne peux pas croire qu'autrefois vous me faisiez l'honneur de jouer avec moi dans les jardins du château... il est vrai qu'il y a dix années de cela.

GEORGES.

Dix ans que je suis parti ?

CICILY.

Le 30 octobre 1828... un lundi... matin... un temps affreux... c'était bien triste ; je me disais : Mon pauvre maître va être mouillé, il va s'enrhumer... Et depuis ce temps nous n'avons pas cessé de parler de vous avec votre tante... qui a été si bonne pour moi !... qui m'a traitée comme sa fille... Elle aimait la lecture ; je lui lisais tous les soirs dans de beaux livres que je n'ai jamais oubliés !... et puis elle n'avait qu'un plaisir... c'était la musique !... et j'ai appris le piano !...

GEORGES.

Comment diable !... tu es instruite !

CICILY.

Pour elle !... pas pour moi... qu'est-ce que j'en ferais ?... mon seul désir était de ne jamais la quitter... mais il y a un an, il nous est arrivé des nouvelles de New-York... de mon père... qui est bien vieux... il demandait à me voir... et c'est madame la marquise qui m'a dit elle-même : Je ne sais pas comment je me passerai de toi, mais c'est égal... pars mon enfant !... Je suis partie, et mon père a été si heureux de me voir, qu'il n'est plus si vieux maintenant ; et j'aurais bien prolongé mon séjour... mais j'ai reçu une lettre de ma bienfaitrice, qui me disait : Reviens ma fille... reviens ! j'ai pour toi un mariage !... Un établissement !... ce n'est pas ça qui m'aurait fait revenir, mais elle ajoutait : J'ai besoin de toi... je suis souffrante !... Et j'ai tout quitté... me voici !... j'ai tant d'envie de la revoir, que j'étais désespérée de ne pouvoir me rendre ce soir au château... Mais je vous rencontre, mylord... me voilà presque contente de mon malheur... et demain nous partirons ensemble !... Comment va-t-elle ?

GEORGES, *à part.*

O ciel !... (*Haut.*) Est-ce que tu ne sais pas...

CICILY, *avec inquiétude.*

Quoi donc ?... est-ce qu'elle est toujours souffrante ?

GEORGES, *vivement.*

Non !... non... elle ne souffre plus !

CICILY.

Oh ! tant mieux ! mais alors elle n'a pas reçu ma lettre ; car je la priais d'envoyer quelqu'un à ma rencontre, c'est pour cela que je suis venue toute seule. Que je suis heureuse !... que je suis joyeuse !... Et enfin vous venez la voir ! c'est bien

à vous ! car souvent elle a été froissée de votre
oubli... elle n'en parlait pas ; elle est si bonne!...
mais elle vous le dira demain en vous embras-
sant !

GEORGES, *à part.*

En vérité, je ne sais comment lui apprendre...
Demain... D'ailleurs la pauvre fille saura toujours
assez tôt... autant lui laisser passer une bonne
nuit de plus...

CICLY, *qui a remonté le théâtre.*

A quelle heure, mylord, partons-nous demain ?

GEORGES.

Sur les neuf heures.

CICLY.

C'est bien tard !... Pardon, c'est à moi de prendre vos ordres. Et vous daignerez donc me donner une place ?

GEORGES.

Mais, oui.

CICLY.

Dans votre voiture... quel bonheur !

GEORGES.

On m'a dit cependant que par goût tu pré-
férais aller à pied... témoin ce jeune baronnet
que tu as refusé ce soir.

CICLY.

Est-ce que je n'ai pas bien fait?... un étran-
ger... un jeune homme... tandis que vous !...

GEORGES.

Je ne suis donc pas un jeune homme?

CICLY.

Du tout!... vous êtes mon maître... mon parrain... le neveu de ma bienfaitrice...

GEORGES.

De sorte que tu n'as pas peur avec moi?

CICLY.

Tiens! par exemple!... et de quoi donc? dès
que vous êtes là, je suis tranquille !... il n'y a
pas de danger !

GEORGES, *souriant.*

C'est tout au plus si ce que tu me dis là est
flatteur pour moi.

CICLY, *naïvement.*

Bah! en quoi donc ?... (*Se retournant, et voyant
un garçon qui apporte du linge et des assiettes.*)
C'est votre couvert qu'on apporte... (*Le prenant
des mains du domestique.*) Donnez, donnez...
c'est moi que cela regarde! (*Le domestique
sort.*) Servante du château... je peux bien l'être
ici à l'auberge... pour vous, mylord ! c'est un
devoir... c'est un plaisir... allez... allez... je vous
servirai mieux qu'eux tous... ce n'est pas le nombre des domestiques... c'est le zèle qui fait tout.
(*Elle a étendu la nappe sur la table, posé les assiettes, le verre, la bouteille, l'argenterie.*) Voilà
du linge qui n'est pas bien fin... (*frottant une
cuillère d'argent*) et de l'argenterie qui ne brille
guère... ce n'est pas trop bon pour vous... mais
demain, dans le château de votre tante... dans le
vôtre... vous verrez ! Dieu, que c'est beau à Newcastle!... et nous tâcherons que vous y soyez

comme un prince... D'abord, vous pouvez dispo-
ser de moi depuis le matin jusqu'au soir.

GEORGES.

En vérité !

CICLY.

Au premier coup de sonnette, je serai toujours là.

GEORGES, *la regardant pendant qu'elle va et
vient et met le couvert.*

Pelham avait raison; elle est charmante, et
d'une naïveté... d'un dévouement... après cela...
toute une soirée à passer dans une auberge...
c'est diablement long... Au fait, elle cause fort
bien, et pour moi qui n'ai rien a faire ça m'oc-
cupera.

CICLY, *qui a achevé le couvert.*

Comme vous me regardez, mon parrain !

GEORGES.

Ça te trouble...

CICLY.

Nullement... ça me fait plaisir... car, après l'af-
fection de ma bonne et digne maitresse, ce que
je désire le plus...

GEORGES.

Qu'est-ce que c'est?

CICLY.

C'est la vôtre, mon parrain.

GEORGES.

Vrai! ma gentille filleule ?

CICLY.

C'est tout naturel : vous êtes son neveu, son
seul parent; et dans une noble maison comme
celle de Newcastle, les domestiques sont presque
de la famille ; ils y naissent et ils y meurent...
ils donneraient leur vie pour leurs maîtres, et
pour les miens je me jetterais au feu !

GEORGES, *se récriant.*

Oh ! je n'exige pas cela.

CICLY.

Tiens, vous en avez le droit... Songez donc que
je dois à madame la marquise mon existence,
mon éducation, et plus encore... elle m'a donné
de la vertu et de la religion, et m'a appris que
pour une jeune fille, il valait mieux perdre la
vie que son honneur!

GEORGES, *à part.*

Quelle diable d'idée ma tante lui a donnée là !

CICLY.

Et soyez tranquille, je n'oublierai jamais ses
leçons !... je serai toujours digne d'elle et de vous,
mon parrain.

GEORGES, *avec embarras.*

Tu es bien bonne!... mais tiens...

Détachant la chaîne qu'il a au cou.

AIR : *Ne nous trahissez pas tous deux* (Lestocq).

Reçois de ma main ce présent,
Qu'il soit d'un tendre attachement
Le signe !

CICLY.

Ah ! quel étonnement nouveau !

Qui, moi?... recevoir un si beau
    Cadeau !

GEORGES.

Eh quoi ! tu sembles hésiter !

CICILY.

Je ne sais s'il faut accepter !
Car, voyez-vous, un tel trésor...

GEORGES.

De tant de charmes est encor
    Peu digne !

CICILY.

Au contraire !... et, sur mon honneur,
D'être trop belle, monseigneur,
    J'ai peur !

DEUXIÈME COUPLET.

GEORGES.

Va, sans crainte et sans hésiter,
D'un parrain tu peux bien porter
    La chaîne !
Ce présent qu'il te donne ainsi...

CICILY.

Restera toujours comme lui
    Montrant son cœur.
    Ici !

Elle s'éloigne un peu et gagne la droite de la scène.

GEORGES, *à part.*

Pour un habile séducteur,
Ah ! je me croyais plus de cœur !
Au moment de me hasarder,
Vraiment j'ose la regarder
    A peine !
Et, désarmé par sa candeur,
Auprès d'elle, sur mon honneur,
    J'ai peur !

A part. Allons, du courage ! (*Haut.*) Sais-tu
que tu es bien jolie ?

CICILY, *indifféremment.*

Qu'est-ce que ça fait ?

GEORGES.

Comment ! ce que ça fait ?

CICILY.

Qu'importe à mylord, pourvu que je serve bien ?
pourvu qu'il ait en moi une bonne et fidèle domestique ?

GEORGES.

Fi donc !... tu seras mieux que cela... je l'espère.

CICILY.

Quoi donc ?

GEORGES.

Ne serais-tu pas heureuse de venir avec moi à
Londres ?

CICILY, *riant.*

Je devine !... vous allez vous marier ?... Quel
bonheur !... Et vous voulez que je sois femme de
chambre de mylady ?... Dame, si votre tante y
consent, et surtout si elle vient avec nous... je
serais enchantée... J'élèverai vos enfans, je leur
apprendrai à vous chérir, à vous honorer, à de-
venir comme leur père de nobles et vertueux seigneurs...

GEORGES, *avec impatience.*

C'est bien, c'est bien... ce n'est pas de cela que
je voulais te parler.

CICILY.

De quoi donc alors ?

GEORGES, *à part.*

Je n'en sais rien... ça devient embarrassant en
diable ! (*Haut.*) Dis-moi, Cicily... as-tu des amoureux ?

CICILY.

Tiens, cette idée !... si j'en avais, je le dirais
à vous ou à votre tante, puisqu'elle veut me marier... ou plutôt, ce n'est pas à moi de choisir,
c'est à elle... et à vous, mon parrain.

GEORGES.

Et celui qu'on te présenterait... tu l'épouse-
rais ?

CICILY.

Certainement.

GEORGES.

Et tu l'aimerais ?

CICILY.

Comme une honnête femme !

GEORGES.

Et si tu ne pouvais pas ?

CICILY.

On peut toujours quand on le veut... Dieu
m'en donnerait la force.

GEORGES, *souriant.*

Dieu n'a pas le temps de se mêler de ça.

CICILY, *d'un ton de reproche.*

Ah ! ce n'est pas bien, mon parrain ; il a le
temps de tout voir et de tout entendre, même ce
que vous venez de dire.

Elle va au buffet.

GEORGES, *avec impatience.*

Allons, puritaine et dévote, il ne manquait
plus que cela... Il faut pourtant en finir ; car si
on nous écoutait, je serais perdu de réputation.
(*Haut, rejoignant Cicily, qui vient de redescen-
dre près du guéridon.*) Sais-tu, Cicily, que depuis une demi-heure il y a une chose que je n'ai
pas encore osé te dire ?

CICILY[*].

Et laquelle ?

GEORGES.

C'est que tu as les plus beaux yeux du monde,
et une taille admirable.

CICILY, *étonnée.*

Pourquoi me dites-vous cela ?

GEORGES.

Une taille de duchesse... et encore... je n'en
connais guère, moi qui en connais beaucoup,
qui pourraient soutenir la comparaison.

CICILY, *troublée.*

Mon parrain...

GEORGES, *s'animant.*

Non, par la mort Dieu !

CICILY.

Ah ! vous jurez !... Que dirait votre tante ?

[*] Cicily, Georges.

GEORGES.

Ce qu'elle voudra!... Je jure que tu es la plus belle fille d'Angleterre et d'Écosse.

CICILY, *s'éloignant à reculons, et se réfugiant derrière la table à droite.*

Ah! mon Dieu! mon parrain, quel ton et quelle manière!... vous me faites peur!

GEORGES.

Ne disais-tu pas tout-à-l'heure que pour moi tu te jetterais dans le feu?

CICILY.

Sur-le-champ!

GEORGES, *allant pour la joindre.*

Je ne t'en demande pas tant... Et pourquoi alors veux-tu t'échapper de mes bras?

CICILY, *s'enfuyant à gauche, près du guéridon.*

Je ne sais; mais laissez-moi, laissez-moi... Il me semble que ce n'est pas bien.

AIR : *Ne restons pas ensemble* (Zanetta, final, acte II).

CICILY.

Ah! laissez-moi, de grâce!
A part.
Que faut-il que je fasse?
Son air et son audace
Me font trembler d'effroi!

GEORGES.

Écoute-moi, de grâce!
Pardonne à mon audace.
Si ton maître t'embrasse,
Est-ce un sujet d'effroi?

ENSEMBLE.

CICILY.

A moi, Dieu tutélaire!
Exaucez ma prière,
Et malgré sa colère,
Venez! secourez-moi!

GEORGES.

Ecoute-moi, ma chère,
Je ne veux que te plaire;
Exauce ma prière,
De grâce, écoute-moi!

Cicily saisit la sonnette, et sonne toujours sur la ritournelle du morceau.

GEORGES, *parlant sur la ritournelle.*

Me compromettre aux yeux de mes gens, moi ton maître!... Il n'est plus temps... les voici!

SCÈNE VII.

LES MÊMES, JENKINS; *puis* UN DOMESTIQUE *.

JENKINS.

Eh bien! qu'y a-t-il donc?

CICILY, *avec émotion.*

Mylord, que vous faites attendre, et qui demande son souper; voilà pourquoi je sonnais!

GEORGES, *à part, et respirant plus librement.*

A la bonne heure!

JENKINS, *montrant un domestique qui apporte des plats.*

Voilà, mylord... voilà le roast-beef et les perdreaux... si votre seigneurie veut se mettre à table.

* Cicily *appuyée sur le guéridon,* Jenkins, Georges.

GEORGES, *brusquement.*

C'est bien! une chaise.

Cicily s'empresse de lui en donner une.

JENKINS, *pendant ce temps, regardant sur une table à gauche.*

Diable! des billets de banque! en voilà-t-il!

GEORGES, *avec humeur.*

Qu'est-ce que tu fais là?

JENKINS.

C'est que mylord a laissé là des billets de banque.

GEORGES.

C'est bon! je n'ai pas besoin de tant de monde. (*Montrant Cicily.*) Cette jeune fille est du château.

CICILY, *vivement.*

Et prête à servir mylord!

GEORGES, *avec ironie.*

Vous êtes bien bonne!

CICILY, *modestement.*

C'est mon devoir... et pour tout ce qui est de mon devoir...

GEORGES, *l'interrompant.*

Cela suffit! on ne vous en demande pas davantage! (*Tendant son verre.*) A boire!

JENKINS, *toujours derrière Georges.*

C'est du bordeaux.

GEORGES, *brusquement.*

Je le verrai bien!

Cicily, d'une main tremblante, vient de lui servir à boire. Georges, tenant son verre plein à la main, la regarde avec dépit; il veut parler, se tait, et remet sur la table son verre sans le boire.

JENKINS, *toujours derrière Georges.*

Comment mylord le trouve-t-il?

GEORGES.

Détestable!

JENKINS, *s'avançant et voyant le verre plein.*

Il n'y a seulement pas goûté!

GEORGES, *le regardant.*

Accommode cette salade à la française... non... pas toi!... mais elle... (*avec ironie*) si toutefois elle le veut bien!... et si elle s'y entend. (*Cicily prend vivement la salade et les burettes, et, debout, accommode la salade sur le coin de la table près de Georges, qui est assis. Georges toujours avec ironie.*) Si elle daigne s'y entendre!

CICILY, *sans le regarder et continuant à faire la salade.*

Très-bien, mylord!

GEORGES, *de même.*

C'est admirable! (*Jenkins est redescendu, et remonte quelques instans après, rapportant d'autres plats.*) Tous les talens réunis!... la lecture, le piano et la salade. (*Jenkins entre à gauche dans la chambre de Georges.*) Ma tante n'a rien négligé, et je conçois qu'avec une éducation aussi brillante, aussi distinguée... on soit fière et dédaigneuse, que l'on se croie au-dessus de son maître et en droit de le repousser. (*A Cicily, qui sans dire un mot retourne la salade.*) Eh bien!

vous gardez le silence! Mademoiselle ne me fera même pas la faveur de me répondre ?

CICILY, *avec douceur et résignation.*

Quand mylord parle, je dois me taire... il a le droit de me gronder, et même de me tourner en ridicule !

GEORGES, *avec dépit.*

Ridicule, dites-vous!... Ah! vous savez mieux que personne qui de nous deux l'est le plus en ce moment, et vous ne manquerez pas de raconter ce qui vient de se passer... de vous en vanter !

CICILY, *avec douleur.*

Jamais!... je voudrais l'oublier.

GEORGES, *avec dépit.*

Vous direz qu'un grand seigneur, un lord vous aimait !... Détrompez-vous ?... il n'y songeait seulement pas !

CICILY.

C'est ce que je désire, mylord !

GEORGES, *de même.*

Ce n'était qu'une fantaisie, un caprice dont je rougis !

CICILY.

Votre seigneurie a raison !

GEORGES, *avec une colère concentrée.*

Ah! vous raillez votre maitre !

CICILY, *tremblante.*

Non, mylord !

GEORGES, *de même.*

Et que faites-vous donc ?

CICILY, *posant le saladier devant Georges.*

Je le sers... voilà tout !

GEORGES, *avec humeur et repoussant le saladier.*

Je n'en veux pas !... ôtez-moi cela !... non, un couvert... non, une assiette ! (*Cicily, troublée, laisse tomber l'assiette, qu'elle casse. Georges avec emportement.*) Maladroite !... elle ne sait rien faire !... et Dieu me damne !

JENKINS, *sortant de chez Georges.*

Qu'est-ce que c'est ?

Il ramasse l'assiette et sort par la droite.

GEORGES.

Pardon, c'est malgré moi... un mouvement de colère...

CICILY.

Ne vous excusez pas?... quand je fais mal... il est juste que vous soyez fâché ! (*D'un air suppliant.*) Mais quand je fais bien !...

GEORGES, *avec hauteur.*

Qu'est-ce que c'est ?

CICILY, *timidement.*

Pardon, mylord !

GEORGES.

Mylord !... toujours mylord... pourquoi ne m'appelez-vous plus votre parrain ?

CICILY.

C'est que par malheur mon parrain n'est plus ici.

Elle détache sa chaîne, et la place sur la table.

GEORGES, *étonné.*

Qu'est-ce que cela signifie?... moi reprendre ce que j'ai donné?

CICILY, *timidement.*

Vous les remettrez à mon parrain quand il reviendra.

GEORGES.

Ah! c'en est trop! je ne souffrirai pas qu'on veuille ainsi me donner des leçons, et je vous apprendrai... (*A Jenkins, qui entre en ce moment.*) Qu'est-ce que c'est?

JENKINS.

Le dessert !

GEORGES.

Je n'en veux pas!... voilà deux heures que je suis à table... ma chambre... mon lit.

JENKINS.

C'est de ce côté.

GEORGES.

Et du feu...

JENKINS.

Ah! mon Dieu, je n'y ai pas pensé !

GEORGES, *à Cicily.*

Eh bien ! qu'est-ce que vous faites là ?... à quoi pensez-vous? n'entendez-vous pas qu'il me faut du feu ?

CICILY, *prenant du feu dans la cheminée.*

J'y vais, mylord.

JENKINS, *lui mettant du bois sous le bras.*

Tenez, ces deux fagots... et ce bougeoir...

Elle entre dans la chambre à gauche, avec le feu, le bois, le bougeoir.

SCÈNE VIII.

GEORGES, JENKINS.

JENKINS.

Mylord a-t-il bien soupé ?

GEORGES.

Je n'en sais rien !

JENKINS, *à part, regardant sur la table.*

Je le crois bien! il n'a pas mangé. C'est égal, je l'ai mis sur la table, ça sera sur la carte. (*Haut.*) J'espère que mylord dormira bien...

GEORGES, *avec impatience.*

Dieu le veuille !

JENKINS.

Les lits sont excellens.

GEORGES.

C'est bien ! Dès que ma chambre sera prête... Voyez si elle en finira !

JENKINS.

Dame! c'te jeune fille vient d'entrer à l'instant.

GEORGES.

Et toi aussi qui la défends !

JENKINS.

Je dis cela parce qu'elle a l'air d'avoir du zèle.

GEORGES.

Une sotte... une niaise... une raisonneuse que je renverrai... que je chasserai.

JENKINS, *à part.*

Ça va bien !

GEORGES.

Et toi aussi !

JENKINS, *à part.*

Quel mauvais maître !

GEORGES.

Écoute ici ! Quelque question que cette fille t'adresse, ne t'avise pas de lui apprendre que ma grand'tante est morte...

JENKINS.

Ah ! bah !

GEORGES.

Et que c'est moi qui désormais suis seigneur et maître de Newcastle.

JENKINS.

Et pourquoi ça ?

GEORGES.

Je t'ai déjà dit que je n'aimais pas les raisonneurs... et si tu me désobéis, si tu ouvres la bouche, c'est le mois prochain que finit ton bail, je t'augmente du double.

JENKINS.

Ah ! mon Dieu !

GEORGES.

Et de plus, je te fais rendre tout ce que tu as volé à ma tante.

JENKINS.

Me ruiner ! me réduire à la mendicité !

GEORGES, *voyant paraître Cicily.*

Tais-toi.

JENKINS, *à part.*

Oh ! quel mauvais maître !

SCÈNE IX.

LES MÊMES, CICILY, *sortant de la chambre à gauche.*

CICILY, *éteignant sa bougie et plaçant le bougeoir sur la table à gauche.*

La chambre de mylord est prête.

GEORGES, *avec humeur.*

Enfin, ce n'est pas sans peine !

Il s'approche de la table où est la lumière, et tire sa montre qu'il monte.

JENKINS, *s'approchant de Cicily.*

Si maintenant mademoiselle veut souper, voilà des perdreaux auxquels mylord n'a seulement pas touché.

CICILY.

Je vous remercie, je ne prendrai rien, je n'ai pas faim.

GEORGES, *brusquement.*

Et pourquoi ? est-ce que vous êtes malade ?

CICILY, *avec émotion.*

Non, mylord... je me porte à merveille.

GEORGES.

Vous souffrez, je le vois bien !

CICILY.

Qu'est-ce que ça fait ?

GEORGES, *courant à elle.*

Elle se trouve mal... Vite dans ma chambre...

dans mon nécessaire... un flacon... Allez... allez donc !

JENKINS, *prenant le bougeoir qui est sur la table à gauche et qui est éteint.*

Il faut y voir ! (*Georges prend sur la table un billet de banque, le tortille vivement et l'allume à la lampe.*) O ciel ! un billet de banque !

GEORGES.

Qu'importe ? (*Regardant Cicily.*) Non... elle revient !... (*Lui prenant la main avec bonté.*) Eh bien, mon enfant !...

CICILY.

Ne vous inquiétez pas, mylord ; votre appartement est prêt, et pourvu que votre seigneurie dorme bien...

GEORGES.

Je n'en ai pas envie.

JENKINS.

Lui ! qui tout-à-l'heure... A-t-il des caprices !

GEORGES, *brusquement.*

Eh bien ! tu ne peux pas ranger ici ?

JENKINS.

Je ne fais que cela ! (*A part.*) Je déteste les grands seigneurs.

Il va et vient, ôte le couvert, la nappe, la table ; il sort de la chambre et y rentre à chaque instant.

GEORGES, *pendant ce temps sur le devant du théâtre, et s'approchant de Cicily, qui essuie une larme.*

Écoute. Tu as été tout-à-l'heure avec moi bien orgueilleuse, bien fière, bien impertinente.

CICILY.

C'est sans le savoir, car Dieu sait si je vous respectais et vous *honorais !*

GEORGES, *avec dépit.*

C'est-à-dire que maintenant il n'en est plus ainsi.

CICILY, *vivement.*

Toujours, mylord, toujours ! il dépend de vous que je vous regarde *encore* comme mon maître, mon bienfaiteur.

GEORGES.

Soit... je peux tout oublier.

CICILY.

Et moi aussi... je ne demande pas mieux...

GEORGES.

Je puis te pardonner à une condition.

CICILY.

Laquelle ?

GEORGES.

J'ai à te parler... je ne le puis devant cet homme... et tout-à-l'heure... (*Montrant la porte à gauche.*) Tu ne fermeras pas cette porte !

CICILY, *avec indignation.*

Ah ! mylord !

GEORGES.

Me le promets-tu ?

CICILY, *avec fermeté.*

Non.

GEORGES.

Prends garde ! tu ne me connais pas ! je te dis que j'ai à te parler, et si tu te fies à ma parole et à mon honneur, tu n'as rien à craindre... mais si tu me refuses cet instant d'entretien, je l'aurai, je te le jure.

CICILY.

Je jure que non.

GEORGES.

Je tiendrai mon serment.

CICILY.

Et moi le mien.

GEORGES.

C'est ce que nous verrons ! (*Il va à la table, ramasse ses billets de banque, qu'il serre dans un portefeuille ; puis il prend le bougeoir que lui présente Jenkins. A Cicily.*) Adieu. Songe à ce que je t'ai dit... (*A Jenkins, qui le reconduit.*) Et toi aussi !

Il entre dans l'appartement à gauche.

SCÈNE X.

CICILY, JENKINS.

JENKINS, *à part.*

Je n'ai garde d'y manquer... mon bail que je perdrais. (*Haut.*) Adieu, miss... Vous n'avez besoin de rien... Voici votre appartement.

CICILY.

Cette chambre n'a pas d'autre issue ?

JENKINS.

Pas d'autre que ces deux portes...

CICILY, *montrant celle à gauche, dont elle va mettre le verrou.*

Dont je vais fermer l'une...

JENKINS, *montrant celle à droite.*

Et moi l'autre en m'en allant. Oh ! l'on est en sûreté chez moi. Je vais me coucher dans l'autre corps de logis... c'est là que je demeure. Bonsoir, mademoiselle.

CICILY.

Bonsoir, monsieur Jenkins ; fermez bien la porte.

JENKINS.

Oh ! soyez tranquille... des serrures excellentes... on trouve de tout chez moi... Bonne nuit, miss.

CICILY.

Bonsoir.

Il sort par la porte à droite, qu'on entend fermer à double tour.

SCÈNE XI.

CICILY, seule.

Je n'en puis revenir encore... mon jeune maître que j'avais tant d'envie de revoir... c'est qu'autrefois, et quand nous étions élevés ensemble, il était si bon, si généreux !... je ne dis pas qu'il n'eût des défauts... mais un cœur si loyal, si honnête... un si bon naturel, avant de partir pour l'université !... Voilà ce qu'on y apprend... c'est là qu'il a commencé, et puis il s'est achevé à Londres, où il est devenu méchant... (*Tout en

parlant, elle vient se mettre devant une glace où elle se coiffe de nuit.*) Ce n'est peut-être pas encore désespéré ; mais si ça ne fait qu'augmenter, comment l'arrêter? comment le corriger?... Faut-il que demain j'en parle à sa grand'-tante?... Ce serait *terrible*, elle qui aime tant la vertu... elle n'aimerait plus son neveu, elle ne voudrait plus le voir, elle le déshériterait, et c'est moi qui en serais cause... oh! non!... Est-ce malheureux cependant que dans une famille d'honnêtes gens il y ait comme cela des mauvais sujets!... (*On frappe à la porte à gauche.*) C'est encore lui!

GEORGES, *en dehors.*

Cicily... ouvre-moi, comme nous en sommes convenus.

CICILY.

Par exemple !... voilà une effronterie... Je ne lui répondrai même pas.

GEORGES, *frappant encore plus fort.*

M'ouvriras-tu ?... réponds-moi !... réponds, ou je brise cette porte.

CICILY, *s'approchant de la porte et parlant à Georges.*

Grâce au ciel, la porte tient très-bien, et les verroux sont très-bons... (*Il frappe toujours.*) Je conseille à votre seigneurie de me laisser dormir, et d'en faire autant de son côté... (*Il frappe plus fort.*) Si vous continuez ainsi, l'on accourra au bruit; alors, à qui la faute?... ce n'est pas moi, c'est vous-même qui vous serez compromis aux yeux de tous les gens de l'auberge... Tout le monde saura que mylord, un grand seigneur, a fait cet éclat pour sa servante... sa servante, qui repousse ses hommages et s'en indigne... Ah! à la bonne heure, il se calme... (*musique*) il se tait, il a entendu la voix de la raison!... C'est bien, mylord, je vous en remercie, et vous en serez récompensé, vous reposerez tranquille et sans remords!... Dormez, mon noble maître... dormez! et moi, faisons ma prière.. prions pour lui !

Elle se met à genoux. L'orchestre fait entendre les premières mesures de la romance d'*Ave Maria*, de mademoiselle Puget, et puis la musique devient plus animée et plus forte. La fenêtre du fond s'ouvre, paraît Georges sur le balcon, qui n'a pas d'appui ; Cicily pousse un cri, se relève, et, prête à se trouver mal, s'appuie tremblante sur la table.

SCÈNE XII.

CICILY, GEORGES.

CICILY, *avec terreur.*

Ah! mylord !

GEORGES, *tranquillement et refermant la fenêtre.*

Eh bien! oui, c'est moi... (*Il s'assied sur une chaise à droite; Cicily s'enfuit à gauche près du guéridon.*) Eh! ne fais pas l'étonnée, je t'en avais prévenue !... à qui la faute?... j'avais à te parler, tu n'as pas voulu m'écouter, tu t'es défiée de moi, tu me fermes la porte... j'entre par la fenêtre...

CICILY.

Une pareille audace !...

GEORGES, *souriant.*

Il y en a, je l'avoue! j'ai manqué me tuer!... D'abord, en descendant par ma croisée, à l'aide de mes draps, qui étaient trop courts de moitié. (*Se tournant du côté par où Jenkins est sorti.*) Cet animal de Jenkins qui ne peut pas en avoir de plus longs!... je casserai son bail... Et le plus difficile n'était pas de descendre, mais de monter jusqu'à ce mauvais balcon en planches, à quarante ou cinquante pieds au-dessus du torrent et des rochers...

CICILY, *toujours tremblante.*

O ciel!

GEORGES.

Heureusement, il y avait là, contre ta fenêtre, pour m'aider à gravir, un magnifique pin d'É-cosse, placé exprès par la Providence.

CICILY, *avec indignation.*

Ah! ajouter encore l'impiété!

GEORGES.

Il est de fait que sans lui je ne serais pas ar-rivé, et maintenant, Cicily, si ta vertu a un peu de conscience, elle doit me savoir gré des dan-gers que j'ai courus pour elle.

CICILY.

Ah! je ne vous aurais jamais cru tant de mé-chanceté dans le cœur.

GEORGES, *toujours assis dans le fauteuil.*

Ce n'est pas de la méchanceté, c'est du carac-tère... Tu m'as défié... j'ai soutenu que tu m'en-tendrais... Tu as soutenu le contraire, il y a pari entre nous, c'est une affaire d'honneur!

CICILY.

Eh bien! mylord, si vous ne renoncez pas à vos indignes projets, je vous accablerai d'une honte que j'avais juré de vous épargner, je dirai tout à votre tante.

GEORGES, *troublé.*

Ma tante!

CICILY.

Ah! cela vous effraie!

GEORGES.

Non, c'est une autre idée. (*Avec émotion.*) Ma pauvre tante, elle t'aimait, elle te protégeait... et moi aussi, je te protége, je t'aime autant qu'elle, et cent fois plus encore.

CICILY.

Vous m'aimez, vous!

GEORGES.

Par ta faute; c'est toi qui l'as voulu! ce n'était qu'une idée, un caprice, qui déjà peut-être serait loin de moi, mais tu m'as raillé, tu me braves! Nous autres, vois-tu bien, nous ne sommes qu'or-gueil et amour-propre... et il y va maintenant de mon honneur!

CICILY.

Air : *O trahison! ô perfidie!* (Chaperons blancs, duo de l'acte II.)

O trahison! ô perfidie!

GEORGES.

C'est moi qui t'adore et supplie.

CICILY.

L'on entendra mes cris! l'on ne dort pas encore! C'est devant tous vos gens que je vous déshonore!

GEORGES.

Tu l'essaierais en vain, je croi!
Car Jenkins et les siens sont enfermés par moi;
Te voilà sous ma garde,
Le bruit ne sert à rien, car nul ne nous entend.

CICILY.

Excepté Dieu, qui vous regarde,
Et qui vous juge en ce moment!

GEORGES.

Ah! pour un moment aussi doux
Du ciel je brave le courroux!

Il s'avance vers Cicily, qui s'élance vers la croisée, qu'elle ouvre. La musique continue en sourdine.

CICILY.

Arrêtez! ou si vous faites un pas... je m'élance à l'instant...

GEORGES.

Ah!

CICILY.

Ah! je ne vous crains plus, je suis sûre à pré-sent de mourir.

GEORGES.

Ah! peux-tu me croire capable... (*Il fait un pas vers elle. Cicily effrayée s'élance sur le balcon. Georges s'arrête et tombe à genoux.*) Ah! je m'arrête!... je reste là, je te le jure sur ma foi de gentilhomme.

CICILY, *se retirant d'un pas de la fenêtre.*

Je ne sais si je dois croire...

GEORGES.

Eh bien! commande! ordonne... fais tes con-ditions.

CICILY.

Les voici! D'abord je partirai à l'instant... Oui, voici le point du jour, je veux partir pour le châ-teau de votre tante.

GEORGES, *vivement.*

Avec moi!

CICILY.

Non, sans vous.

GEORGES.

Seule...

CICILY.

Vous éveillerez Jenkins ou quelqu'un de la ferme et lui donnerez l'ordre de m'accompagner.

GEORGES.

Je le jure! et maintenant?

CICILY.

Maintenant (*montrant la porte à gauche*) ti-rez ces verroux, ouvrez cette porte et rentrez chez vous. (*Georges faisant un pas vers elle d'un air suppliant.*) Cicily!... (*Elle fait un pas vers la fenêtre, et Georges recule à l'instant.*) Ah! j'o-béis!...

Il rentre chez lui, obéissant au geste de Cicily. Dès que Georges est rentré, Cicily court à la porte et pousse le verrou; on entend un bruit de cor.

CICILY.

Ah!... (*Courant à la fenêtre.*) Sir Pelham et ses amis!... ils éveillent Jenkins, qui va me con-duire au château de Newcastle, près de la mar-quise, où je ne crains plus rien. (*Tombant à ge-noux.*) O ma bienfaitrice!... c'est encore vous qui m'aurez sauvée!

On entend en dehors les fouets des postillons, et les sons du cor annonçant l'arrivée des chasseurs.

ACTE DEUXIÈME.

Une tour dans le château de Newcastle. Deux portes latérales, une au fond ; au-dessus de la porte du fond, une lucarne avec des barreaux de fer. A gauche, au premier plan, une croisée avec des barreaux de fer assez rapprochés ; près de la croisée, un petit guéridon et un fauteuil. A droite, une table, avec un tapis et ce qu'il faut pour écrire. L'appartement est richement et élégamment décoré dans le style gothique moderne.

SCÈNE PREMIÈRE.

MARGUERITE, *essuyant les meubles.*

Il n'y a plus que ce côté-là à mettre en ordre, et tout ce vaste château sera prêt pour l'arrivée de notre jeune maître!... Je vais donc le revoir... moi! sa nourrice!...

Air du *Fifre et du Tambour.*

Autour de lui l'opulence respire,
Tout rend hommage à son nom, à son rang,
Et ce mylord, c'est pourtant mon enfant
Que je revois si puissant et si grand !...
Et de pouvoir et soi-même se dire :
  Oui, dans mes bras je l'ai porté !...
  Je l'ai nourri !... je l'ai...
Frappant avec sa main droite le dessus de sa main gauche.
  Ah ! quel plaisir ! ah ! quel honneur !
  D'être nourric' d'un grand seigneur !

Mais lui de son côté n'a pas été ingrat !... de tous mes nourrissons... et j'en ai eu pas mal... ce qui se conçoit aisément... une si belle santé et un lait superbe... de tous mes nourrissons, c'est mon petit Georges, monsieur le marquis de Newcastle, le seul qui ne m'ait pas oubliée... Il envoyait toujours de Londres une pension et des étrennes à sa nourrice ; il a fait donner une cure à mon fils Reynolds, son frère de lait... et dès que madame la marquise, sa grand'tante, a été morte il m'a fait venir dans le château, dont il m'a nommée première femme de charge... moi, Marguerite, que tout le monde appelle maintenant mistriss Brown... C'est moi qui commande, qui ordonne... bien mieux... (*montrant un trousseau attaché à sa ceinture*) c'est moi qui ai les clefs de tout... Aussi, que quelqu'un s'avise devant moi de mal parler de mon maître... témoin le fermier Jenkins, que l'autre jour j'ai manqué de dévisager... Jour de Dieu... je ne veux de mal à personne! mais je lui ferai ôter le bail de sa ferme... et je ne crois pas qu'il s'avise maintenant de remettre les pieds au château...

CICILY, *en dehors.*
Merci, monsieur Jenkins, merci !

MARGUERITE.
Hein ?... Jenkins ?... et de si bon matin encore... ah ben! ah ben !... la journée sera bonne, car elle va bien commencer...

Elle va à la porte du fond, qui est restée ouverte, et aperçoit Cicily.

SCÈNE II.

MARGUERITE, CICILY.

MARGUERITE.
Qu'est-ce que c'est?...une jeune fille!

CICILY.
Que vient d'amener le fermier Jenkins... il n'a pas voulu monter...

MARGUERITE.
Je crois bien... et pour bonnes raisons.

CICILY, *regardant autour d'elle.*
Oui, mylord a tenu sa promesse.

MARGUERITE.
Eh bien !... quoi? qu'y a-t-il?

CICILY.
C'est mylord qui a passé la nuit à l'auberge de Jenkins et lui a ordonné ce matin de me conduire ici.

MARGUERITE.
Jenkins ?...

CICILY.
Oui, et pendant toute la route... c'est drôle... il semblait qu'il eût peur de m'adresser la parole... mais il m'a dit en arrivant : Vous trouverez, dans la tourelle du nord, la nouvelle gouvernante Marguerite.

MARGUERITE.
Il ne pouvait pas dire mistriss Brown !

CICILY.
En effet !... vous êtes nouvellement au château, ou du moins depuis mon départ.

MARGUERITE.
C'est possible... qu'y a-t-il pour votre service ?

CICILY.
Rien !... il est de si bonne heure, que je ne veux réveiller personne... j'attendrai !... mais voici pour vous une lettre que mylord avait remise à Jenkins avant notre départ.

MARGUERITE.
De mon enfant... de mon petit Georges que j'ai nourri...

CICILY, *qui vient de s'asseoir.*
Ah! vous êtes...

MARGUERITE.
Sa nourrice... rien que cela. (*Ouvrant la lettre.*) Quel bonheur !... il viendra aujourd'hui avec des amis de Londres ; il commande pour ce soir un beau souper ; il l'aura, par saint Georges, son patron ! il l'aura !

Air de *ma Tante Aurore.*

A moins que dame Marguerite
N'ait oublié pour ce festin
Et sa science et son mérite
Pour les crèmes et le pudding !
Moi, sa nourrice, je suis fière
De remplir ce nouvel emploi !
Et maintenant sa cuisinière,
Cela m'était dû, je le crois...
Pour que, pendant sa vie entière,

Il ait été nourri par moi !

Oui, mon cher maître... c'est moi... c'est moi...

Qui vous nourris... c'est moi... c'est moi...

Oui, c'est toujours moi !...

(*Continuant à lire et poussant un cri.*) Ah!... c'est trop ! c'est trop, mon maître; je vous aurais bien servi et adoré sans cela!

CICILY.

Qu'est-ce donc ?

MARGUERITE.

Mon fils Reynolds, à qui il avait déjà fait avoir la cure du village...

CICILY.

Monsieur Reynolds, le pasteur, un digne et honnête jeune homme, aimé et estimé de madame la marquise.

MARGUERITE.

Vous le connaissez ?

CICILY.

Certainement, et beaucoup... c'est l'honneur et la vertu même.

MARGUERITE.

C'est mon fils, c'est le frère de lait de mylord; et à dater d'aujourd'hui, il est nommé chapelain du château avec deux cents livres sterling de traitement... c'est-à-dire que notre maître serait là... et il y sera bientôt... que je lui sauterais au cou...

CICILY.

Vous l'aimez donc bien?

MARGUERITE.

Et comment ne pas l'aimer?... le meilleur et le plus généreux seigneur.

CICILY, *à part.*

Quel dommage !...

MARGUERITE.

Et pour lui, voyez-vous, pour lui... je ne sais pas ce que je ferais... Ah! mon Dieu!... et sa lettre que je n'achève pas... (*Continuant à lire à demi-voix, pendant que Cicily s'assied près de la table à droite.*) « Jenkins conduira au châ- » teau une jeune fille que ma grand'tante avait » élevée, Cicily Andrews... » (*S'interrompant en la regardant.*) En effet, Reynolds, mon fils, m'en avait parlé! (*Continuant.*) « De plus, c'est » ma filleule, et à ce double titre, mon inten- » tion est de la doter et de l'établir convenable- » ment. » (*S'interrompant.*) Quel brave sei- gneur!... (*Continuant.*) « Mais une inclination » dont elle ne convient pas, et que nous désap- » prouvons tous, m'oblige à différer mes projets » et à la surveiller étroitement jusqu'à ce qu'elle » soit revenue à la raison. » (*S'interrompant en la regardant.*) Voyez-vous ça!... qui s'en dou- terait jamais, à cet air timide et modeste? (*Continuant.*) « C'est vous, ma bonne Marguerite, » que je charge de ce soin. Tout en la traitant » avec la plus grande douceur et les plus grands » égards... » (*S'interrompant.*) Il est trop bon mille fois; moi, sur cet article-là, je suis d'une sévérité... (*Continuant.*) « Qu'elle ne voie per- » sonne, ne parle à personne et ne puisse sous » aucun prétexte sortir du château avant mon

» arrivée... » (*Parlant.*) C'est trop juste, et il a raison de compter sur mon zèle... (*Haut.*) Dites-moi, miss Cicily Andrews?...

CICILY.

Ah! vous savez mon nom!

MARGUERITE.

Mylord m'a tout appris.

CICILY.

Cela m'étonne...

MARGUERITE.

Et sans vous faire de reproches sur la manière dont vous avez reconnu ses bontés... car je vous le disais, il est trop bon... je désire que cet appartement vous soit agréable, désormais ce sera le vôtre.

CICILY, *souriant.*

Je vous remercie, ma chère mistriss Brown; mais vous trouverez bon que je prenne auparavant les ordres de la maîtresse du château, de lady Sarah, marquise de Newcastle!

MARGUERITE, *étonnée.*

Que voulez-vous dire?

CICILY.

Que je vous prie de la prévenir de mon arrivée dès qu'elle sera éveillée.

MARGUERITE.

Hélas! la pauvre chère dame ne s'éveillera plus!

CICILY.

O ciel! ma protectrice!...

MARGUERITE.

Ignorez-vous qu'elle est morte?

CICILY, *poussant un cri.*

Morte!

Air : *Ces jours qu'ils ont osé proscrire* (Guillaume Tell, trio de l'acte II).

Le ciel ravit à ma tendresse
Tant de bontés, tant de vertus!
J'ai perdu ma bonne maîtresse!
Hélas!... je ne la verrai plus!...
O seul appui de ma jeunesse,
Vos yeux, qui me veillaient sans cesse,
Pour moi ne se rouvriront plus!
Je ne la verrai plus!...

Cicily reste la tête appuyée sur ses mains et prie.

MARGUERITE.

Pauvre enfant!... quelle douleur!... C'est une grande perte sans doute!... mais vous n'êtes pas si à plaindre, puisqu'il vous reste dans son neveu un protecteur si dévoué et si généreux!...

CICILY, *se relevant, et allant prendre son chapeau et son manteau au fond sur un fauteuil.*

Ah! je ne puis... je ne saurais demeurer plus long-temps dans ce château. Adieu, mistriss, adieu, je pars...

MARGUERITE.

C'est impossible!

CICILY.

Et pourquoi donc?

MARGUERITE.

Mylord me l'a défendu.

CICILY.

Défendu de me laisser sortir?

MARGUERITE.

Eh! oui, sans doute! pauvre jeune fille orpheline, où iriez-vous?

CICILY.

Peu vous importe; moi seule le sais.

MARGUERITE.

Je ne le devine que trop! et c'est là justement ce que mylord veut empêcher, car cette inclination-là ne peut vous mener à rien qu'à votre perte.

CICILY, *étonnée*.

De quelle inclination voulez-vous parler?

MARGUERITE.

Mon Dieu! vous n'en conviendrez pas! il m'en à prévenue, et je ne vous demande pas votre secret... ça ne me regarde pas... mais vous feriez mieux, mon enfant, de renoncer à cette passion-là, et de l'oublier... C'est difficile d'abord, je le sais; j'ai passé par là... mais peu à peu ça s'efface... on n'y pense plus, et ça n'empêche pas de faire bon ménage... Mon défunt vous le dirait s'il était là.

CICILY.

En vérité, mistriss, j'écoute et ne peux vous comprendre.

MARGUERITE.

Voilà qui est trop fort... et pour vous dispenser de feindre avec moi... tenez... tenez... lisez à la fin de la page...

CICILY, *lisant et à part*.

Oh! quelle ruse! mon Dieu! etqu'il est méchant!

MARGUERITE, *la regardant*.

Vous le voyez bien, je sais tout.

CICILY.

Ça n'est pas!... ça n'est pas...

MARGUERITE.

Vous osez nier encore!...

CICILY.

Ah! loin de moi l'idée d'accuser notre maître!... le ciel m'est témoin que je voudrais cacher ce secret... le taire au monde entier... mais il me force à me défendre et à faire connaître la vérité!... Apprenez donc, mistriss, que c'est lui au contraire...

MARGUERITE.

Qu'osez-vous dire?

CICILY.

Lui, qui, entraîné par une mauvaise pensée...

MARGUERITE, *passant près du guéridon*[*].

Taisez-vous!... taisez-vous!... je pardonnerais tout, parce qu'enfin, une inclination, un caprice, ça ne dépend pas d'une jeune fille... mais accuser mon maître! le calomnier!

CICILY.

Permettez...

MARGUERITE.

Fi! fi!... c'est une horreur!... et après un trait pareil, je vous crois capable de tout.

CICILY.

Mais quand je vous dis...

MARGUERITE.

Oser supposer... que mylord a pu penser à

[*] Marguerite, Cicily.

vous!... qu'il a pu jeter un regard sur sa vassale, sur sa servante!... lui qui n'aurait qu'à choisir parmi les plus grandes dames de la ville et de la cour!... Oui, mademoiselle, oui, les duchesses et les marquises courent après lui; nous le savons, et ça ne m'étonne pas; il est si beau, mon garçon! il est si aimable!... personne ne lui résiste.

CICILY.

Écoutez-moi!

MARGUERITE.

Non, je n'écoute rien!... Encore une comme le fermier Jenkins... Accablés de bienfaits, voilà comme ils vous récompensent!... Un maître si bon! si vertueux, qui veut vous établir... vous marier... vous sauver... Vous êtes une ingrate... une ingrate, entendez-vous?... et moi qui vous portais de l'intérêt... c'est fini!... j'exécuterai à la rigueur les ordres de mylord, et vous resterez ici, sous clef, jusqu'à son arrivée.

Elle sort, et ferme sur elle la porte du fond.

SCÈNE III.

CICILY, *seule*.

Elle sort!... elle m'enferme!... Ah! en voulant le fuir, je suis tombée dans le piége qu'il me tendait! c'est moi-même qui me suis livrée en son pouvoir!... Oui, oui, je me rappelle maintenant des mots que je n'avais pas compris ce matin à l'auberge, avant mon départ, entre lui et sir Pelham, son voisin, qui est venu le chercher : mylord lui disait : Je réussirai. — Et l'autre à répondu en riant : Je parie que non! — Je parie que si! — Mille guinées! — Mille guinées! — C'est dit? — C'est dit! — Aujourd'hui? — Aujourd'hui même! — Ah! c'est de moi qu'il s'agissait! Il va venir, et dans ce château qui lui appartient, et où il commande... qui viendra à mon aide? qui pourra me secourir? perdue... déshonorée... impossible, même au prix de mes jours, de lui échapper comme hier. (*Regardant autour d'elle.*) Ici, dans la tour de Saint-Dunstan, je l'ai bien reconnue : tout est fermé, tout est grillé... d'épaisses murailles que mes cris ne pourraient percer... Et quand même! ses gens, qui lui sont dévoués, ont ordre de ne pas les entendre. (*S'approchant d'une meurtrière à gauche.*) A peine si l'on peut, par cette ouverture, voir dans la campagne. Nous sommes au bord d'une route... car au pied de cette tour je vois passer du monde, des paysans, avec des provisions; ils se rendent à la ville, ou ils en reviennent. (*Regardant autour d'elle, et apercevant sur une table ce qu'il faut pour écrire.*) Ah! un seul moyen de salut! (*Elle s'assied et écrit.*) O ma bonne maîtresse! que ton souvenir, que ton ombre veillent sur moi! Oui, il est impossible qu'il ne se trouve pas quelqu'un de charitable qui consente à porter cette lettre au shériff ou à l'un des magistrats du comté; et en implorant son appui et sa justice, il la doit à tout le monde, surtout à une pauvre fille. Oui, oui, mettons l'adresse. «Une infortunée supplie la personne » qui trouvera ce billet de le porter sur-le-» champ..... (*appuyant*) sur-le-champ au shériff » du comté. » (*Elle cachète le billet et s'approche de la meurtrière; en le jetant.*) Oui, je l'ai suivi de l'œil, il est descendu, il est tombé sur la route. (*Avec joie.*) Voici du monde. Ah! ils passent sans le voir... ils marchent dessus! Une femme qui va au marché! elle s'arrête... elle se baisse... elle le ramasse. O mon Dieu! elle ne sait pas lire, elle le rejette! C'est fait de moi! Non, non, elle le montre du doigt à un gentleman qui arrive à cheval... elle le lui donne... il l'a lu... il a lu l'adresse. Ah! s'il pouvait me voir, si je pouvais lui faire signe!... Il pique son cheval... il s'éloigne au petit pas... non, au galop... il court chez le shériff. Ah! mon Dieu! je te remercie! je suis sauvée!... (*On entend ouvrir les verroux de la porte du fond.*) On vient! C'est mylord!

Elle se laisse tomber dans un fauteuil, près de la fenêtre.

SCÈNE IV.
GEORGES, CICILY.

GEORGES, *restant au fond du théâtre, et à part.*

La voilà calme et tranquille! moi qui m'attendais à des plaintes, à des reproches! (*Haut et s'approchant d'elle.*) Je vois avec plaisir, Cicily, que ma présence ne t'inspire ni effroi ni trouble.

CICILY, *qui s'est relevée, avec dignité et émotion.*

Si quelqu'un dans ces lieux doit se troubler et rougir, ce n'est pas moi, mylord! C'est ici que votre tante me parlait de l'honneur de sa race et de la loyauté des siens... Jamais aucun d'eux n'avait manqué à sa parole et ne s'était souillé par une trahison; voilà ce qu'elle me disait!... Et maintenant, mylord, que dirait-elle?

GEORGES.

Elle dirait que tu me plais, que je te trouve charmante, et ne devrait en accuser qu'elle, dont les soins t'on rendue supérieure à ton état et à ta naissance! C'est sa faute, et non la mienne, si tu parles et agis autrement qu'une paysanne!

CICILY.

Tous deux alors, nous sortons de notre condition; car vous, mylord, n'agissez pas en gentilhomme!

GEORGES, *avec hauteur.*

Cicily!

CICILY.

Et dans cet oubli de nos rangs, l'avantage du moins est de mon côté!

GEORGES, *avec ironie.*

Je vois, en effet, que ton éducation est complète, pédante, sermoneuse et moraliste. C'est à toi que j'aurais dû donner la place dont je viens de gratifier Reynolds le pasteur!

CICILY, *blessée.*

Mylord!

GEORGES.

Tu aurais prêché à merveille, car tu as toutes les vertus, toutes les qualités... excepté une... la prudence!... (*Souriant.*) C'est en manquer étrangement que d'insulter et d'outrager celui qui nous tient en son pouvoir!

CICILY, *effrayée.*

O ciel!

GEORGES.

Rassure-toi, je suis plus gentilhomme que tu ne dis, et je rougis de ma conduite d'hier.

CICILY.

Comment?

GEORGES.

Oui, dans mon emportement, j'ai pu avoir recours à la violence, je ne t'avais pas regardée, je ne te connaissais pas, je ne t'aimais pas... mais aujourd'hui c'est différent; j'ignore ce qui se passe en moi, et si nous n'étions pas seuls, je rougirais d'en convenir... mais ta fierté, ton courage, ta résistance, peut-être, ont fait naître en moi un sentiment inconnu que je ne m'explique pas... mais qui existe. Tu n'as plus rien à craindre de moi... je te respecte... je t'aime!

CICILY.

Vous!

GEORGES, *vivement.*

C'est par mes soins seulement, c'est par ma tendresse, que j'espère toucher enfin ce cœur insensible!... (*Avec amour.*) Oui, si tu le veux, Cicily, il n'y aura ni marquise ni duchesse qui n'envie ton sort! Ils disent que je suis jeune, que je suis riche, qu'un bel avenir m'attend! Cet avenir, ce sera toi! ma richesse, je l'emploierai à te plaire, et ma jeunesse à t'aimer plus long-temps

CICILY, *avec un peu d'émotion.*

Ah! mylord! taisez-vous! taisez-vous!

GEORGES.

Ce château où tu te crois prisonnière, il est à toi, il t'appartient, ainsi que moi-même! Parle! commande! c'est moi qui t'obéirai... ici... à Londres, où nous irons, où nous paraîtrons ensemble, où tu les éclipseras toutes, où, glorieux de mon triomphe, je leur dirai:

Air de *Céline.*

Ah! je n'avais que la richesse,
Mais à présent, j'ai mieux encor;
Et j'aurais beau dans ma tendresse
A tes pieds jeter tout mon or;
C'est moi, dans ma reconnaissance,
Moi, qui serais ton débiteur...
Tu ne me dois que l'opulence,
Moi, je te devrai le bonheur!

CICILY.

C'est trop, mylord... c'est trop sans doute à vos yeux... mais pas assez aux miens, car toutes les richesses que vous m'offrez ne vaudraient pas le prix dont il faudrait les payer!

GEORGES.

Tu me repousses?

CICILY.

Oui... laissez-moi quitter ces lieux, où je souffre et tremble pour vous.

GEORGES.

Et pourquoi ?

CICILY.

Il me semble que ma maîtresse, que votre noble tante vous entend !...

GEORGES, *vivement*.

Tais-toi !

CICILY.

Moi, pauvre paysanne, qui ne veux pas être autre chose... laissez-moi partir !

GEORGES.

Et où iras-tu ?

CICILY.

Chez d'honnêtes gens !...

GEORGES, *avec indignation*.

Ah !

CICILY.

Pardon, mylord ! chez d'honnêtes gens que je servirai... que j'aimerai sans remords.

GEORGES.

T'éloigner !... te perdre !... jamais ! tu resteras !

CICILY.

Vous ne le voudriez pas, mylord : rester serait mon déshonneur et ma honte.

GEORGES.

Et partir serait mon malheur !... Tu es ici chez moi, en ma puissance, rien ne peut t'en arracher.

CICILY.

Peut-être !

GEORGES.

Qui l'oserait tenter ?

CICILY.

Des personnes dont j'ai imploré le secours.

On frappe à la porte.

AIR : *Ah ! dans mon âme* (Juive, acte II).

Ah ! tout succède
Au gré de mes désirs, et le ciel m'exauça ;
Car à mon aide
On accourt ! ce sont eux ! les voilà !

GEORGES, *avec colère*.

Quoi ! pour moi telle est ta haine,
Et lorsque, oubliant mon rang,
Je te traite en souveraine,
Tu me traites en tyran !...
Oui... me compromettre en face
De mes amis, de mes gens...
De moi n'attends plus de grâce ;
Tous mes droits je les reprends.
Pour toi, pour toi
Je serai sans pitié, comme tu l'es pour moi ;
Oui, crois-moi, oui, crois-moi !
Malheur ! malheur à toi !

CICILY.

Ah ! je puis braver sa menace,
Car on accourt auprès de moi !

Georges va ouvrir la porte du fond.

SCÈNE V.

LES MÊMES, PELHAM *.

GEORGES, *avec humeur*.

Qu'y a-t-il ?

* Gorges, Pelham, Cicily.

PELHAM, *apercevant Cicily*.

Ah ! ah !... je comprends pourquoi tu tardais tant à m'ouvrir... Dis donc, c'est bien fâcheux que ce ne soit pas bon genre... je suis sûr que je l'aimerais !

GEORGES.

Eh ! parbleu ! je le crois bien !... Eh bien ? quoi ?

PELHAM.

Désolé de te déranger... mais un magistrat se doit à la loi et à ses concitoyens... et c'est comme magistrat que je viens m'adresser à toi.

CICILY.

Que dites-vous ?

PELHAM.

Mylord est le shérif du comté ; je viens de l'apprendre.

CICILY.

O ciel !

PELHAM.

Distinction honorable que ses vertus lui ont fait décerner à l'unanimité aux dernières élections...

GEORGES, *avec impatience*.

Eh bien ! achève !

PELHAM.

Il paraît qu'ici les élections se font bien, et si c'est partout de même...

GEORGES, *de même*.

Enfin qui t'amène, et qu'as-tu à me dire ?

PELHAM.

Que tout-à-l'heure, me rendant à ta gracieuse invitation, j'arrivais à cheval à ton château, lorsque de l'autre côté du parc et sur la grande route, une paysanne m'a remis un billet mystérieux qu'elle venait de ramasser et qui portait cette inscription touchante : « Une infortunée supplie » la personne qui trouvera ce billet de le porter » sur-le-champ... sur-le-champ !... au shérif du » comté. »

CICILY, *à part*.

C'est fait de moi !

PELHAM.

Tu comprends que moi, qui suis du club phylanthropique, où je ne vais jamais, je ne pouvais pas perdre une occasion de faire de la bienfaisance sur la grande route... J'ai piqué des deux, et j'ai couru au village demander où demeurait le shérif ; on m'a montré les tourelles du château, en m'indiquant mon vertueux ami, chez lequel je dînais... ce qui se trouve à merveille ; de sorte que j'aurai, sans me déranger, sauvé l'innocence qui par cette missive réclame ton ministère !... monsieur le shérif...

Il lui présente la lettre.

GEORGES.

C'est bien... je te remercie. (*Regardant Cicily, qui baisse la tête et se laisse tomber sur un fauteuil.*) Puisqu'on me demande justice, je vais la rendre... laisse-moi !

PELHAM.

Oui, mon cher et honorable magistrat !... me

préserve le ciel d'arrêter le cours de la justice!
(*A demi-voix.*) Mais dis-moi, puisque la petite
est ici... cela va donc bien?

GEORGES, *avec dépit.*

Très-bien!

PELHAM, *à part.*

Est-il heureux! (*Haut.*) Et le pari tient toujours?

GEORGES, *de même.*

Toujours!

PELHAM.

Je cours alors grand risque de perdre mes mille
guinées...

CICILY, *à demi-voix à Pelham, pendant que
Georges réfléchit.*

Au nom du ciel, monsieur, sauvez-moi! déli-
vrez-moi!

PELHAM, *à part.*

Que dit-elle?

CICILY, *de même.*

Je n'ai d'espoir qu'en vous!

PELHAM, *à part.*

J'ai gagné!

GEORGES, *se retournant.*

Hein?... qu'y a-t-il?

PELHAM.

Rien!... nos amis sont là qui t'attendent.

Air de *Benoist* (Gypsy, pas des deux Écossaises, acte 1er).

Que faut-il faire, de grâce?
Car on arrive, on t'attend!

GEORGES.

Fais les honneurs à ma place,
Je te rejoins à l'instant!

PELHAM, *faisant de loin des signes d'intelligence à Cicily.*

Oui, l'on peut sans s'y méprendre
Compter sur moi dans ces lieux...

A Georges, qui se retourne.

Et je vais tâcher de prendre
Ta place, si je le peux...

ENSEMBLE.

CICILY.

De lui seul je peux attendre
Aide et secours en ces lieux;
O mon Dieu! daigne m'entendre!
Et daigne exaucer mes vœux.

GEORGES.

Jusqu'ici, soumis et tendre,
Je fus par trop généreux,
Mon courroux lui doit apprendre
A se soumettre à mes vœux.

Pelham sort par la porte du fond, que Georges va fermer.

SCÈNE VI.

GEORGES, CICILY; *puis* MARGUERITE.

GEORGES, *sévèrement, à Cicily.*

A nous deux, maintenant!

CICILY, *apercevant Marguerite qui entre par la
porte à gauche; elle court vivement à elle*.*

Ah! mistriss Brown!... venez à mon aide... ne
me quittez pas!

GEORGES, *à part, avec colère.*

Marguerite!

* Marguerite, Cicily, Georges.

MARGUERITE.

Eh! mais!... vous qui aviez le ton si fier,
comme vous voilà interdite et tremblante!... Ah!
ah! vous avez peur des justes leçons et des ré-
primandes de mylord?

CICILY.

C'est cela même!

MARGUERITE.

Et vous voulez que j'intercède auprès de lui.

CICILY, *la retenant par ses jupes.*

Oui... oui... ne m'abandonnez pas!

MARGUERITE.

Soyez tranquille... je reste... et parlerai pour
vous...

GEORGES, *se contenant à peine.*

Allons!... il ne manquait plus que cela!

MARGUERITE.

Quoique vous ne le méritiez guère... car si
mylord savait tout ce que vous avez débité contre
lui!... Oser supposer que vous en étiez amoureux... je vous le demande!... une petite fille...
une paysanne!... que vous vouliez la séduire...
voyez-vous l'orgueil!...

GEORGES, *regardant Cicily.*

Ah! ce sont là les égards que vous avez pour
votre maître!... mademoiselle se pose en héroïne
de roman, en beauté malheureuse et opprimée,
non seulement chez moi et aux yeux de mes gens,
mais elle cherche même au dehors à me désho-
norer, à me dénoncer aux magistrats...

MARGUERITE, *joignant les mains.*

Ah! ce n'est pas possible!

GEORGES, *montrant la lettre qu'il tient à la main.*

En voici la preuve!... Cette lettre adressée au
shérif... et contre moi... c'est elle qui l'a écrite...

MARGUERITE, *poussant un cri.*

Ah! quelle ingratitude!... je me tais; je cesse
de parler pour elle!... c'est une perversité qui
ne mérite point de grâce!

GEORGES, *avec colère.*

Et maintenant, elle n'en a plus à espérer.
(*Frappant sur la lettre.*) Je traiterai comme on
m'a traité, et je ferai payer outrage pour outrage!

MARGUERITE.

Vous ferez bien!

CICILY, *s'avançant vers elle d'un air suppliant.*

Marguerite!...

MARGUERITE, *s'éloignant d'elle.*

N'approchez pas!

*Elle va s'asseoir à la table à gauche, et se met à tricoter,
pendant qu'à la table à droite, et s'y asseyant, Georges
ouvre la lettre qu'il lit à demi-voix.*

GEORGES, *lisant.*

« Monsieur le shérif, c'est une pauvre fille, une
» orpheline qui vous implore!... Elevée dans le
» château de Newcastle, par les bontés de madame
» la marquise, sa mort me laisse sans appui, et
» au moment où je vous écris, son neveu, son
» noble et digne héritier n'est pas encore ar-
» rivé! » (*S'arrêtant et regardant Cicily.*) Ah!
(*Continuant.*) « Retenue prisonnière à son insu,

» par ses gens qui se trompent sans doute, ou qui » ont mal interprété les loyales intentions de leur » maître, je vous supplie de devancer les ordres » de monsieur le marquis de Newcastle, et de me » faire mettre sur-le-champ en liberté. » (*S'arrêtant.*) Est-il possible ! (*Continuant.*) « Vous ac- » querrez par là, monsieur le shérif, des droits » éternels aux bénédictions d'une pauvre fille, qui » vous confondra dans sa reconnaissance avec » ses nobles maîtres et bienfaiteurs, pour qui » dans ce moment elle prie le ciel... »

Il s'interrompt et aperçoit Cicily qui vient de tomber à genoux près de lui.

MARGUERITE, *voyant Cicily tomber à genoux.*

Ah ! c'est là sa place !

GEORGES, *la relevant.*

Non, non, relève-toi ! (*A part.*) Tant de convenances, de générosité... pour moi qui en étais si peu digne... Dussé-je aux yeux de tous mes amis me perdre de réputation... (*Haut.*) Va-t'en, va-t'en, tu es libre* !

CICILY, *avec joie.*

O ciel !

MARGUERITE, *hors d'elle même.*

Ça n'est pas possible, j'ai mal entendu... après ce qui s'est passé, vous lui pardonnez !

GEORGES.

Oui... et que Dieu pardonne ainsi à tous ceux qui sont coupables !

CICILY, *avec tendresse et confiance, et lui serrant la main à la dérobée.*

Merci, merci, mon parrain !

GEORGES, *poussant un cri.*

Ah ! (*Puis se reprenant.*) A une condition, cependant !

CICILY.

Et laquelle ?

MARGUERITE.

A la bonne heure, car encore faut-il qu'elle soit punie !

GEORGES, *avec embarras.*

C'est que, vois-tu, malgré moi et sans le vouloir, je pourrais peut-être me repentir de ce que je viens de faire... car je sens là encore...

MARGUERITE.

Un reste de colère...

CICILY, *avec cajolerie.*

Non, mon parrain, non, vous n'éprouverez plus rien, c'est passé.

GEORGES.

Oui, mais cela pourrait revenir, et, pour plus de sûreté, j'exige que tu partes...

MARGUERITE, *avec approbation.*

La renvoyer du château, c'est convenable !

GEORGES.

Que tu t'éloignes... que tu te maries.

MARGUERITE, *stupéfaite.*

La marier !

GEORGES.

Pour la dot, je m'en charge.

* Marguerite, Georges, Cicily.

MARGUERITE, *de même.*

La doter !...

GEORGES, *remontant la scène avec agitation.*

Trois cents guinées... cinq cents s'il le faut.

MARGUERITE.

Après ce qu'elle a fait, c'est du plus mauvais exemple... c'est d'une faiblesse... (*Se reprenant avec attendrissement.*) Non, non, d'une bonté... je reconnais là mon garçon, mon petit Georges. (*A Cicily.*) Eh bien ! eh bien ! quand je vous le disais *!...

CICILY.

Ah ! vous aviez raison, Marguerite.

GEORGES, *s'asseyant près du guéridon.*

Pour le mari, choisis qui tu voudras, mais choisis promptement.

CICILY, *s'avançant**.*

Voyez vous-même.

GEORGES.

Ce fermier chez qui nous avons soupé hier, Jenkins, te conviendrait-il ?

CICILY.

Pas beaucoup.

MARGUERITE, *passant près du guéridon***.*

Et puis il dit toujours du mal de mylord, et ils seraient trop bien ensemble !

GEORGES.

Aimerais-tu mieux le fils de Marguerite, monsieur Reynolds, notre jeune ministre ?

CICILY.

Un brave jeune homme !

GEORGES, *avec jalousie.*

Tu l'aimes ?

CICILY.

Non, non, mais votre tante l'estimait beaucoup.

GEORGES, *de même.*

Tu l'aimes ?

CICILY.

Comme un honnête homme.

GEORGES, *vivement.*

J'aime mieux que tu épouses l'autre, le fermier.

CICILY.

Que dites-vous ?

MARGUERITE.

Et moi aussi. (*Bas à Georges.*) D'après sa conduite, et avec un caractère pareil, mon fils ne serait peut-être pas heureux.

GEORGES, *avec émotion.*

Tu as raison, aucun des deux... j'en chercherai un autre, un troisième... avec toi, Marguerite, qui connais tout le village... tu m'aideras, nous choisirons ce qu'il y a de mieux... Tu viens, n'est-ce pas ? je t'attends.

Il sort par la porte à droite.

MARGUERITE.

Oui, mylord, je vous suis. (*Elle le suit jusqu'à la porte. A Cicily, qui reste immobile en suivant Georges des yeux****.*) Et vous restez là immobile !

* Georges, Marguerite, Cicily.
** Georges, Cicily, Marguerite.
*** Marguerite, Georges *assis*, Cicily.
**** Cicily, Marguerite.

vous ne courez pas vous jeter à ses pieds! et après vos indignes propos et vos horribles soupçons sur son compte, vous ne l'aimez pas... vous ne l'adorez pas comme moi!

CICILY.

Qu'en savez-vous?

MARGUERITE.

Ce que j'en sais... je sais, je sais qu'il y a des gens qui ne sentent rien, et vous êtes de ce nombre. (*Criant à la porte à droite.*) Me voilà, mylord, je suis à vous!

SCÈNE VII.

CICILY, *seule.*

Je ne sens rien, je n'éprouve rien, dit-elle... O mon Dieu! et vous, ma bienfaitrice?

AIR: *Ahi loulli!*

Protégez-moi contre moi-même;
Car moi, qui dédaignais ses vœux,
Depuis qu'il est si généreux,
Malgré moi, je sens que je l'aime:
    Et loin de lui,
    Oui, loin de lui,
Je pars! mais mon cœur reste ici.

En ce moment, et de la lucarne du fond, tombe une pierre à laquelle est attaché un papier.

Quel est ce papier?... qui me l'envoie?... (*Lisant la signature.*) « Henri Pelham. Charmante » miss, vous avez réclamé mon secours... » Grâce au ciel, il est inutile à présent... « Et je m'em- » presse de vous l'offrir: Georges a parié avec » moi mille guinées qu'aujourd'hui même vous » seriez à lui... » Ah! c'était bien mal, c'était affreux; mais, par bonheur, il a renoncé à ce pari, ainsi qu'à ses idées. (*Continuant de lire.*) « Et je » dois, pour déjouer ses projets, vous prévenir » des moyens qui sont le plus généralement en » usage: quand par hasard il y a résistance, nous » avons les protestations d'amour et les offres de » fortune; quand elles sont repoussées, nous avons, » comme dans Clarisse Harlowe, le chapitre des » breuvages qui endorment les plus cruelles, ou, » comme dans le Ministre de Wakefield, les hy- » mens supposés, un faux mariage, un faux prê- » tre, qui lèvent tous les scrupules... C'est à quel- » qu'une de ces ruses qu'on aura recours; tenez- » vous sur vos gardes; et si vous pouvez un instant » tromper la surveillance de votre séducteur, » vous trouverez dans la cour même de son châ- » teau une berline jaune, attelée de quatre che- » vaux, on vous attendra pour vous sauver... Vo- » tre respectueux et dévoué serviteur, Henri » Pelham. » Qu'est-ce que cela signifie?... et quelle indignité!... oser supposer que mon maî- tre... Jusqu'à présent cependant tout s'est passé ainsi qu'il m'en prévient... (*Montrant la fin du billet.*) Mais ce qu'il dit là... Ah! ce serait af- freux!... après ses protestations... et la parole qu'il m'a donnée... croire que mylord serait ca- pable... (*Vivement.*) Non, non, une telle pensée est un crime, et je suis coupable, mon Dieu, d'a- voir pu seulement l'accueillir!

SCÈNE VIII.

CICILY, MARGUERITE, *sortant de la porte à droite.*

MARGUERITE, *hors d'elle-même.*

Cette fois, c'est à confondre, c'est à n'en pas revenir. (*Apercevant Cicily.*) Ah! la voilà! c'est vous, mademoiselle?

CICILY.

Oui, je venais de recevoir du baronet sir Pel- ham une lettre que je voulais porter à mylord!

MARGUERITE.

Il s'agit bien de lettres! il n'est pas en état d'en lire, la tête n'y est plus.

CICILY.

Est-il possible?

MARGUERITE.

Il faut qu'on l'ait ensorcelé, car sans cela... oui, mademoiselle, nous étions là, dans son ca- binet, à chercher des maris pour vous, et à cha- cun de ceux que je lui proposais, il répondait avec colère: Non, non, elle ne l'épousera pas... si elle s'en avisait... si elle l'acceptait...

CICILY.

Ah! mon Dieu!

MARGUERITE.

Et puis, sans m'écouter, il se promenait à grands pas... et enfin, me prenant par le bras, et d'une voix émue: « Va la trouver, et dis-lui, mais à elle seule, qu'elle ne parte pas, que ce soir... et sans en prévenir personne... »

CICILY, *effrayée.*

Eh bien?

MARGUERITE.

Ah! voilà ce que je ne puis achever, ce que je ne puis croire, quoique je l'aie entendu de mes deux oreilles...

CICILY, *tremblante.*

Eh! bien donc?

MARGUERITE.

Une pareille folie!... et pour qui, mon bon Dieu?... pour sa vassale!

CICILY, *hors d'elle-même.*

Eh! qu'est-ce donc enfin?

MARGUERITE.

J'ai beau faire... je ne puis en douter, car il me l'a dit lui-même: « Préviens-la que ce soir, en secret, dans la chapelle du château... je l'é- pouserai! »

CICILY, *avec indignation.*

M'épouser!... moi! en secret?

MARGUERITE.

Eh!... ne faudrait-il pas proclamer son extra- vagance?

CICILY, *regardant le billet qu'elle tient encore.*

Ah! ce que disait sir Pelham!... une pareille action!... lui!

MARGUERITE, *avec colère.*

Lui!... lui-même... il n'attend plus que votre réponse.

CICILY, *avec indignation.*

Ma réponse?... Dites à mylord que je le refuse et que je le méprise!

MARGUERITE, *poussant un cri, et tombant dans un fauteuil.*

Ah!

Cicily sort par la porte à gauche, emportant son chapeau et son manteau.

SCÈNE IX.

MARGUERITE, *seule.*

Qu'entends-je! ah! mon Dieu!

AIR : *J'ai peur lorsque gronde l'orage* (d'Adam, Régine, acte 1er).

D'effroi... je demeure tremblante!
Quel temps, ô ciel!... du mien, vraiment,
Quand on regardait sa servante,
C'était en respectant son rang!
Mais à présent... ah! quel scandale!
Pour peu qu'il aime sa vassale,
Un maître se croit obligé
De l'aimer devant le clergé !
Grand Dieu! grand Dieu! tout est changé,
　　Quel chagrin j'ai !
La noblesse a bien dérogé ;
On traite tout de préjugé,
Le bon principe est négligé,
Le décorum est outragé ;
Les servantes, tout est changé,
A leurs maîtres donnent congé ;
Plus de respect, de préjugé ;
Les servantes, tout est changé,
A leurs maîtres donnent congé ;
　　Tout est changé.
Elle tombe dans le fauteuil près du guéridon.

SCÈNE X.

MARGUERITE, GEORGES, *sortant de l'appartement à droite.*

GEORGES, *gaiement.*

Eh bien! Marguerite, tu l'as vue?

MARGUERITE.

Que trop !

GEORGES, *de même.*

Et sa surprise ! son étonnement...

MARGUERITE.

N'égalent pas le mien, elle refuse.

GEORGES.

O ciel !

MARGUERITE.

Elle refuse et vous méprise... ses propres paroles.

GEORGES, *stupéfait.*

Ce n'est pas possible!... Redis-moi cela.

MARGUERITE.

Ah! ne me faites pas répéter une pareille insolence.

GEORGES, *hors de lui.*

Elle!... Cicily !

MARGUERITE.

Voilà ce que c'est, mon maître, que de se compromettre, de s'abaisser jusque là.

GEORGES.

Refuser ma main... quelle raison ?... quel prétexte ?

MARGUERITE.

Aucun.., quand je suis arrivée, elle était toute joyeuse et tenait à la main une lettre qu'elle voulait, disait-elle, vous porter.

GEORGES.

A moi?

MARGUERITE.

Une lettre du baronnet sir Pelham.

GEORGES.

Lui! mon rival! qui le premier avait cherché à la séduire... qui pour me l'enlever est capable de tout !... c'est lui qu'elle me préfère !

MARGUERITE.

Allons donc !... il est moins bien, moins riche que vous.

GEORGES.

Qu'importe, si elle l'aime?... Eh! je me rappelle maintenant... je viens de voir de ma fenêtre et dans la cour du château une berline attelée... dans laquelle j'avais cru apercevoir Pelham... C'est lui, je n'en doute plus, elle va partir avec lui.

Il remonte vivement jusqu'à la porte du fond.

MARGUERITE, *courant à lui.*

Mon maître... mon maître... qu'allez-vous faire ?

GEORGES, *s'arrêtant.*

Ah! tu dis vrai!... me couvrir de ridicule, me battre pour un pari loyalement perdu, pour une maîtresse, pour ma vassale que l'on m'enlève... Non, non, j'étais fou, je ne sais où j'avais la tête, je dois m'en féliciter.

MARGUERITE.

Oui, mylord.

GEORGES, *s'efforçant d'être gai.*

Je dois m'en amuser... je dois en rire.

MARGUERITE.

Certainement.

GEORGES, *essayant de rire.*

Et ce soir, aux yeux de mes amis, je veux être le premier à en plaisanter.

Il cache sa tête dans ses mains.

MARGUERITE.

O ciel! vous pleurez! vous, mon bon maître... mon pauvre garçon!

GEORGES.

Oui, j'en rougis, oui, je l'aimais, l'ingrate... et dans ce moment où je la maudis, où je la déteste, je l'aime encore.

MARGUERITE.

Vous, mon Dieu !

GEORGES, *vivement.*

Tais-toi, que personne ne le sache, il y va de mon honneur, de ma réputation... je serais perdu s'ils savaient que j'ai pleuré.

MARGUERITE.

Moi seule le saurai, et avec moi n'ayez pas peur... ne vous gênez pas, mon fils.

GEORGES, *se jetant dans ses bras en sanglotant.*

Ma bonne Marguerite! (*S'en arrachant vivement, essuyant ses larmes et prenant un air enjoué.*) On vient!... c'est elle!

SCÈNE XI.

CICILY, GEORGES, MARGUERITE.

Cicily est habillée comme au premier acte, coiffée de son chapeau de paille, et tenant sous le bras son petit paquet.

GEORGES, *brusquement.*

Qui vous amène?... que voulez-vous?

CICILY, *froidement.*

De toutes les offres que votre seigneurie a daigné me faire, il n'en est qu'une que j'accepte avec reconnaissance.

GEORGES.

Et laquelle?

CICILY.

La permission que vous m'avez donnée de m'éloigner à l'instant.

GEORGES.

Libre à vous d'en user... toutes les portes de ce château vous sont ouvertes.

MARGUERITE, *bas à Georges.*

Très-bien!... c'est comme cela qu'il faut lui parler.

GEORGES.

Je ne vous demande point où vous allez, et quel nouveau maître vous attend...

CICILY.

Quelle que soit la maison où je me présente, moi, pauvre servante, je n'y puis être accueillie qu'avec une attestation de vous, mylord.

GEORGES, *avec colère.*

De moi!

MARGUERITE, *bas à Georges.*

Un certificat de bonne conduite, cela se fait toujours ainsi... vous ne pouvez le lui refuser.

GEORGES, *avec colère.*

Moi, que je certifie...

MARGUERITE.

Qu'elle est une honnête fille... qu'elle ne vous a pas trompé...

GEORGES.

Quand au contraire...

MARGUERITE.

C'est égal... on certifie toujours... c'est l'usage. (*Elle le fait passer à droite, près de la table, où il s'assied pour écrire. Se frappant la tête.*) Ah! mon Dieu!

GEORGES.

Qu'as-tu donc?

MARGUERITE.

Mon fils! mon pauvre fils!

GEORGES.

Reynolds, mon chapelain!

MARGUERITE.

Qu'on avait prévenu pour ce mariage.

CICILY.

O ciel! c'était votre fils, monsieur Reynolds!

MARGUERITE.

Oui, mademoiselle... il s'était rendu à la chapelle, où il attend toujours... on ne l'a pas décommandé.

GEORGES.

Va donc... et à l'instant.

MARGUERITE.

Et tout vos amis qui vous attendent pour se mettre à table! Je ne sais où j'ai la tête! Je cours, et je reviens. Mon pauvre fils!

Elle sort en courant par la porte à droite.

SCÈNE XII.

CICILY *à gauche,* GEORGES *à droite, près de la table et écrivant.*

CICILY, *à part, et se soutenant à peine.*

Monsieur Reynolds, le pasteur! ce n'était point un faux mariage! Ah! qu'ai-je fait!

GEORGES, *à la table, et écrivant.*

Je vous dois donc ce certificat?

CICILY.

Je ne puis le demander qu'à vous, mylord... n'ayant jamais servi dans d'autre maison.

GEORGES.

C'est juste. Puissiez-vous dans celle où vous allez entrer... et que je connais...

CICILY.

Votre seigneurie est alors plus savante que moi!

GEORGES.

Trêve de faussetés. Tenez, tenez, voilà ce que vous me demandez... remettez-le de ma part au maître que vous me préférez.

CICILY.

Mylord!

GEORGES.

Maintenant, je ne vous retiens plus... allez... puissiez-vous n'avoir ni regrets, ni remords. Eh bien!... (*à Cicily, qui parcourt le billet*) je vous l'ai dit, sortez! qu'attendez-vous?

CICILY.

Mais, en honneur, mylord, je ne puis remettre à personne un pareil certificat.

GEORGES.

Et pourquoi, s'il vous plaît?

CICILY.

Jugez-en vous-même. (*Lisant.*) « Cicily Andrews, qui vous remettra cette attestation, est » une honnête fille... »

GEORGES.

Eh bien!

CICILY, *continuant.*

« Mais fausse, mais menteuse, mais perfide, » qui m'a trompé, moi, son maître, qui l'aimais, » qui l'aime encore! »

GEORGES, *étonné.*

J'ai écrit cela?

CICILY, *lisant toujours.*

« Et si vous la recevez, si vous lui donnez asile,
» ce sera entre nous, je vous en préviens, un com-
» bat à mort. » Y pensez-vous, mylord ?

GEORGES, *reprenant la lettre, et avec colère.*

Oui, oui, ces dernières lignes, je les ai écrites,
et je les pense, car celui que tu aimes ne peut
être qu'un trompeur, un séducteur, un mauvais
sujet.

CICILY, *baissant les yeux.*

C'est possible !

GEORGES, *avec colère.*

Et tu l'aimes ?

CICILY, *avec expansion.*

Plus que ma vie !

GEORGES, *toujours plus furieux, et d'une main
tremblante.*

Eh bien ! alors, va donc lui remettre cette
lettre... porte-la à son adresse.

CICILY, *le regardant tendrement.*

Elle y est.

GEORGES.

Comment ? moi ?

CICILY.

Oui, oui, mylord.

GEORGES.

Ah !

Elle tombe à ses pieds pendant qu'on entend en dehors un
refrain de table.

SCÈNE XIII.

PELHAM, CICILY, GEORGES, MARGUERITE *.

Pendant ce chœur Pelham est entré par la porte du fond
et Marguerite par la porte à droite.

MARGUERITE *et* GEORGES.

Ah ! que vois-je !

GEORGES, *à Cicily, qui se relève précipitamment
et veut s'éloigner.*

Non, non ! reste !

PELHAM, *à Cicily.*

Je venais vous dire que je me lassais d'attendre
dans ma berline.

MARGUERITE, *à Georges, et toute interdite.*

Et moi, mylord, je venais vous annoncer que
vos amis vous attendent à table.

GEORGES.

A merveille ! Nous allons les rejoindre, et leur
apprendre qu'Henri Pelham a perdu son pari de
mille guinées.

PELHAM, *à Cicily.*

Ah ! bah ! il serait possible ?

GEORGES, *à Cicily, qui fait un geste de surprise.*

Oui, Cicily... j'avais parié que ce soir vous seriez à moi. (*A Marguerite.*) Et grâce à ton fils
Reynolds...

* Pelham, Cicily, Georges, Marguerite.

MARGUERITE.

Que je viens de renvoyer...

GEORGES.

Que tu rappelleras... je présenterai ce soir à
mes amis la marquise de Newcastle, ma femme !

PELHAM.

Est-il possible !... une idée pareille !

GEORGES, *gaiement.*

Tu ne l'aurais jamais eue ! Mais, pour faire sen-
sation dans le beau monde, pour le jeter dans l'ad-
miration et la stupeur, pour être pendant trois
mois le sujet de tous les discours, il ne faut pas,
quand on est marquis et millionnaire, s'aviser
d'épouser une duchesse, c'est trop commun...
mais sa vassale.

PELHAM, *se frappant le front.*

C'est juste !

GEORGES.

Surtout quand elle est vertueuse et jolie comme
ma filleule.

PELHAM.

Il a parbleu raison... le voilà encore dans nos
salons *le lion de cet hiver.* Et dire que cette idée-là
j'ai manqué l'avoir, elle allait me venir, je la sen-
tais ! Mais il est encore temps... et si je peux trouver parmi mes vassales...

GEORGES.

Y penses-tu ? m'imiter encore !

PELHAM.

Pourquoi pas ? c'est une position, une spécia-
lité, c'est la mienne ! *Lion à la suite !* connais-tu
rien de plus original, de plus extraordinaire ?

GEORGES.

Oui, mon cher.

PELHAM.

Et quoi donc ?

GEORGES, *regardant Cicily.*

Un lion amoureux !

CICILY, *au Public.*

AIR : *Le talent d'un ambassadeur* (de Montfort,
Polichinelle).

Me voilà marquise et lady,
Mais pour remplir si noble place,
Je sens ce qu'il me manque ici
D'esprit, de bon ton et de grâce !
O vous qui régnez au salon,
Venez former par vos suffrages
La servante de la maison...
Et surtout... surtout, messieurs, n'oubliez pas ses gages !

Faisant le geste d'applaudir.

Oui, ses gages !

CHŒUR, *au dehors.*

Vive le champagne !
Vivent les amours !
Gaieté ma compagne,
Viens à nous toujours.
Et dans notre ivresse
Faisons, francs lurons,
Sauter la sagesse
Au bruit des bouchons.

PARIS. — IMPRIMERIE DE Mᵐᵉ Vᵉ DONDEY-DUPRÉ,
rue Saint-Louis, 46, au Marais.

Suite du treizième volume.

Amazampo, dr. 4 a. et 6 tab. 8
La D. de la Vauballière, d. 5 a 10
Le Luthier da Vienne, o.-c. 6
Les Misères d'un Timbalier, 6
Le C. des Informations, v. 1 a. 6
Cassanova, v. 3 actes. 8

DIX-SEPTIÈME VOLUME.

Riquiqui, com.-vaud. 3 a, 8
Uu Grand Orateur, c.-v. 1 a. 6
Trop Heureuse, c.-v, 1 a. 6
La Vieillesse d'un grand Roi, com. 3 actes. 8
L'Étudiant et la grande Dame, com.-vaud. 2 act. 8
La Comtesse du Tonneau, v. 2 a 8
Le Paysan des Alpes, dr. 5 a. 10
Polly, com.-vaud. 3 act. 8
Le Bouquet de bal, c. 1 a. 6
La Vendéenne, c.-v. 2 a. 8
L'honneur de ma mère, d. 3 a 8
Eulalie Granger, d. 5 act. 10
Schubry; c.-v. 1 act. 6
Julie, comédie en 5 actes, 10
L'Ange gardien d.-v. 3 a. 8
Miel et Vinaigre, c.-v. 1 a. 6
Paul et Pauline, c.-v. 2 a. 8
Femme et Maîtresse c.-v. 1 a. 6

Suite du quatorzième volume.

Marie, comédie en 3 actes, par Mme Ancelot 8
Pierre le rouge, c.-v. 3 a. 8
L'Homéopathie, c. v. en 1 a. 6
Sir-Huges, coméd.-vaud. 2 ac. par M. Scribe 6

DIX-HUITIÈME VOLUME.

Jeanne de Naples, dr. 5 a. 10
Le Gars, dr. 5 act. 10
Un Chef-d'OEuvre inconnu, dr. en prose. 8
Vouloir c'est pouvoir, c.-v. 2 a 8
Mina, com.-vaud. en 2 actes. 8
Sans Nom! mystère en 1 acte. 6
Un Parent millionaire, c. 2 a 8
Le Père de l'Enfant, c.-v 1 a. 6
Le 3me et le 4mo, v. 1 a. 6
L'Agrafe, mélod. 3 act. 8
Le Mari à la ville et la Femme à la campagne, mélod. 3 a 8
Une Fille de l'Air, féerie, 3 a. 8
Le château de ma Nièce, c. 1 a 6
La Fille d'un Militaire, c.-v. 2 a 8
Le Tour de Faction, v. 1 a. 6
La double Echelle, op.-c. 1 a. 8
Bruno le Fileur, v. 2 actes. 8
Un Jour de Grandeur. dr. 3 a 8

Suite du quinzième volume.

Le Mari de la Dame de chœurs, 8
Valérie mariée, dr. 3 actes. 8
Roquelaure, vaud. 4 actes. 8
Madame Favart, com. 3 act. 8
L'Ambassadrice, op.-.c. 3 act. par M. Scribe. 8

DIX-NEUVIÈME VOLUME.

Le Tourlourou, vaud. 5 a 10
Le Bon Garçon, op.-c. 1 a. 6
Dgenguiz-kan, pièce en 6 tab. 8
L'Officier Bleu, drame en 3 a. 8
Porvier, je veux de tes cheveux! anecd. histor. en 1 a. 6
Rita l'Espagnole, dr. en 4 a. 8
Piquillo, opéra-comique 3 a. 8
Le Café des Comédiens, v. 1 a. 6
Thomas Maurevert, dr. 5 a 10
Pauvre Mère, dr. 5 a. 10
Spectacle à la Cour, c.-v. 2 a. 8
Suzanne, com.-vaud. 2 a. 8
Le Domino Noir, op.-com. 3 a 8
Longue-Epée, drame 5 a. 10
Maria Padilla, chronique espagnol en trois actes, 8
Roméo et Juliette, trag. 5 a. 10
La Folie Beaujon, v. par MM. Dupeuty et Rochefort. 6

Suite du seizième volume.

Les Sept Infans de Lara, d. en 5. a par M. Malfille. 10
Michel, com.-vaud. 4 actes. 8
Paraviedès, drame 3 actes. 8
Le Portefeuille ou 2 Familles, drame 5 actes, 10

VINGTIÈME VOLUME.

Caligula, trag. en 5 a. avec un Prologue, par A. Dumas. 10
Marquise de Senneterre, c. 3 a 8
L'Ile de la Folie, r, en 1 a. 6
La Dame de la Halle, v. 2 a.
Les Saltimbanques, par. 3 a.
A Trente Ans, v. 3 a.
L'Élève de St.-Cyr, dr. 5 a. 10
Marcel, drame 4 a. 8
La Maîtresse de Langues, 1 a. 6
Le Cabaret de Lustrucru, 1 a. 6
L'Interdiction, dr. 2 a. 8
La Pauvre Fille, mélod. 5 a. 10
Isabelle comédie 3 a. 8
Le Mariage d'Orgueil, c. v.-2 8
La Petite Maison, c.-v. 2 a. 8
La Demoiselle Majeure, v. 1 a. 6
M...et Mme Pinchou, c.-v. 1 a. 6
Mlle Daugeville, c.-v. 1 a. 8

VINGT-UNIÈME VOLUME.

Arthur, c.-v. 2 a. 8
Les Suites d'une Faute, dr. 5 a 10
Les Enfans du Délire, v. 1 a. 6
Matéo, dr. 5 a. 10
Le Mariage en Capuchon, v. 2 a 8
A bas les Hommes! v. 2 a. 8
La Bourse de Pézénas, c.-v. 1 a 6
Lord Surrey, dr. 5 a, 10
Duchesse! c.-v, 2 a, 8
Simon Terre-Neuve, c.-v 1 a. 6
Gaspard Hauser, dr, 4 a. 8
Les Deux Pigeons, c.-v. 4 a. 8
Mathias l'Invalide, c.-v. 2 a. 8
Impressions de voyages, v. 2 a 8
Geneviève de Brabant, mél. 4 a 8
Rafaël, dr.-com. 3 a 8
Faute de S'entendre, com. 1 a 6

VINGT-DEUXIÈME VOLUME.

La Femme au selon, c.-v. 2 a, 8
Juana, c.-v. 2 a. 8
Les Droits de la Femme, c. 1 a 6
Moustache, c.-v, 3 a. 8
La pièce de 24 Sous, c.-v. 1 a. 6
M. de Coyllin, c.-v. 1 a. 6
La Fille de l'Air dans son Ménage, vaud.-féerie, 1 a. 6
L'Orphelin du Parvis, c.-v. 1 a 6
Philippe III, tragédie en 5 a. 10
La Croix de Feu, mélod. 3 a. 8
Plock le Pêcheur, v. 1 a. 6
Léonce, c.-v. 3 a. 8
Les Trois Dimanches, c.-v. 3 a 8
L'Escrot du Grand Monde 3 a. 8
Les Chiens du St-Bernard, 5 a. 10
La Figurante, op.-c. 5 a. 10
La Comtesse de Chamilly, d. 4 a 8
La Reine des blanchisseuses 2 a 8

VINGT-TROISIÈME VOLUME.

Le Sonneur de St-Paul, dr. 5 a 10
Mademoiselle, c.-v. 2 a. 8
La Dame d'Honneur, op.-c, 1 a 6
Maria Padilla, tragédie 5 a 10
Paul Jones, d. 5 a. par A Dumas 10
Le Brasseur de Preston op c. 3 a. 8
Françoise de Rimini, tr. 3 a. 8
Lady Melvil c. v. 3 a. 8
Tronquette, c.-v. 1 a. 6
Le Discourt de Rentrée, v 1 a. 6
Pierre d'Arrezzo, dr. 3 a. 8
Les Coulisses. v. 2 a. 8
Les Parens de la Fille, c. 1 a. 6
La Levée de 300,000 Hommes, 6
Rothomago, revue 1 a. 6
Le Marquis en Gage, c.-v. 1 a 6
Le Puff, revue en 3 tableaux. 8
Claude Stocq, dr. 5 a. 10
Jeanne Hachette, dr. 5 a. 10

VINGT-QUATRIÈME VOLUME.

Lekain, v. 2 a. 8
Reine de France, c. 1 a, 6
Diane de Chivry, dr. 5 a. par M. Frédéric Soulié. 16
Les trois Bals, v. 3 a. 8
Le Manoir de Montlouvier, dr. 5 a. 10
Dieu vous bénisse! v. 1 a. 6
Maurice, c.-v. 2 a. 8
Bathilde, dr. 3 a. 8
Pascal et Chambord, c.-v. 2 a. 8
Maria, c.-v. 2 a. 8
La Bergère d'Ivry, dr. 5 a. 10
Mlle de Belle-Isle, c. 5 a. par M. Alexandre Dumas. 10
Marie Rémond, dr.-v. 3 a. 8
Simplette, v. 1 a. 6
Le Dépositaire, c.-v. 2 a. 8
Le Plastron, v. 2 a. 8

VINGT-CINQUIÈME VOLUME.

L'Alchimiste, dr. 5 a. 10
Naufrage de la Méduse, 5 a. 10
Balochard, c.-v. 3 a. 8
La Maîtresse et la Fiancée, 2 a. 8
Les Mancini, c.-v. 3 a. 8
Marguerite d'Yorck, mélod. 4 a. 8
Deux jeunes femmes, d 5 a. 10
Rigobert, mélod. com. 4 a. 8
Gabrielle, c.-v. en 2 a. 8
La Jeunesse de Goethe, v. 1 a. 6
Emile, vaudeville en 1 a. 6
Il faut que jeunesse passe, 3 a. 8
Un vaudevilliste, un acte. 6
Le fils de la Folle, d. 5 a. 10
Le Marché de Saint-Pierre, drame en 5 actes. 10
Les Belles femmes de Paris, c.-v. en 2 a. 8
Amandine. c.-v en 2 a. 8

VINGT-SIXIÈME VOLUME.

Il était temps! v. en 1 a. 6
L'article 960, vaudeville, 1 a. 6
L'ange dans le monde, c. 3 a. 8
L'Art de ne pas monter sa garde 6
Christine, 5 a. par *F. Soulié.* 10
Les chevaux du Carousel, 5 a. 10
Laurent de Médicis, tr. 3 a. 8
Les trois Beaux-Frères, v. 1 a. 6
La Jacquerie, opéra 4 a. 8
Revue et Corrigée, c.-v. 1 a. 6
Le Loup de Mer, dr. 2 a. 8
L'ombre d'un Amant, v. 1 a. 6
Christophe le Suédois, dr. 5 a. 10
Le Proserit, drame 5 actes. 10
Les Travestissemens, op.-c. 1 a. 6
Le Massacre des Innocens, 5 a. 10
Thomas l'Egyptien, v. 1 a. 6
Clémence, c.-v. 2 a. 8
La belle Bourbonnaise, v. 2 a. 8

VINGT-SEPTIÈME VOLUME.

Le Château de Saint-Germain, dr. 5 a, 6
Les Bamboches de l'Année, r. 1 a. 6
Le Commissaire extraordinaire, v. 1 a. 6
Deux Couronnes, com. 1 a. 6
Les Enfans de troupe, c.-v. 2 a. 8
L'Ouvrier, drame 5 a. 10
Le Tremblement de terre de la Martinique, drame 5 a. 10
La Famille du Fumiste, c.-v. 2 a. 8
Les Intimes, c.-v. 1 a. 6
La Lionne, c.-v. 2 a, 8
La Madone, dr. 4 a. 8
Jean le Pingre, v. 1 a. 6
Les Prussiens en Lorraine, dr. 4 a. 10
Roland Furieux, folie v. 1 a. 6
Un Secret, dr.-v. 3 a. 8

L'Abbaye de Castro, dr. 5 a. 10
La Famille de Lusigny, dr. 3 a. 8
La nouvelle Geneviève, v. 2 a. 8

VINGT-HUITIÈME VOLUME.

Vautrin, dr. 5 a. 10
L'Ouragan, dr.-v. 2 a. 8
L'Habit Noisette, v. 1 a. 6
Aubray le Médecin, dr. 3. a. 8
Les Honneurs et les Mœurs, c.-v. 2 a. de Mme Ancelot. 8
Les Dîners à 32 sous, v. 1 a. 6
Aînée et Cadette, c.-v. 2 a. 8
Le Fils du Bravo, v. 1 a. 6
Bonaventure, c.-v. 3 a. et 4 t. 8
L'éclat de rire, dr. 3 a. 8
Cocorico, c.-v. 3 a. 8
Les Souvenirs de la Marquise de V***, c. 1 a. 6
La jolie Fille du faubourg, c.-v. 3 a.

Suite du 28me volume.

Le Fin Mot, c.-v. 1 a. 6
Le Château de Verneuil, dr. 5 a. 10
Monsieur Daube, c.-v. 1 a. 6
La Maréchale d'Ancre, dr. 5 a. 10
Les Pages et les Poissardes, c.-v. 2 a. 8

Suite du 29me volume.

Paula, dr. 5 a. 10
Le Mendiant, c.-v. 2 a. 8
Mon ami Cléobul, v. 1 a. 6
Edith, dr. 4 a. 8
Un roman intime, c. 1 a. 6
Lazare le Pâtre, dr. 5, a. 10

VINGT-NEUVIÈME VOLUME.

Bocquet Père et Fils, c.-v. 2 a. 8
Le Mari de ma Fille, c.-v. 2 a. 6
La Chouette et la Colombe, féerie en 3 actes. 8
Quitte ou Double, c.-v. 2 a. 8
L'argent, la Gloire et les Femmes, v. 4 a. et 5 t. 10
Marguerite, dr. 3 a. 8